CONVITE À REFLEXÃO

# Apontamentos de FILOSOFIA

## CONHECIMENTO, ESTADO & PROPRIEDADE, HISTÓRIA DA CIÊNCIA

Walter Paixão

# Apontamentos de FILOSOFIA

## CONHECIMENTO, ESTADO & PROPRIEDADE, HISTÓRIA DA CIÊNCIA

Walter Paixão

70

Rio de Janeiro, 2025

# Apontamentos de Filosofia



Edições 70 é um selo da Editora Almedina do Grupo Editorial Alta Books (STARLIN ALTA EDITORA E CONSULTORIA LTDA).



ISBN: 978-65-5427-307-7

Impresso no Brasil – 1ª Edição, 2025 – Edição revisada conforme o Acordo Ortográfico da Língua Portuguesa de 2009.

Dados Internacionais de Catalogação na Publicação (CIP)
**(BENITEZ Catalogação Ass. Editorial, MS, Brasil)**

P142a
1.ed. Paixão, Walter
Apontamentos da filosofia : conhecimento, estudo & propriedade, história da ciência / Walter Paixão. - 1.ed. - Rio de Janeiro : Edições 70, 2025. - (Convite a reflexão)
144 p.; 12 x 18 cm.

Bibliografia.
ISBN 978-65-5427-307-7

1. Filosofia - Estudo e ensino. 2. Filosofia - História e ciência. 3. Reflexões filosóficas. I. Título.

04-2025/179 CDD 100

**Índice para catálogo sistemático:**
1. Filosofia : Estudo e ensino 100
**Aline Graziele Benitez - Bibliotecária - CRB-1/3129**



**Produção Editorial:** Grupo Editorial Alta Books
**Diretor Editorial:** Anderson Vieira
**Editor da Obra:** Milton Meira Nascimento
**Vendas Governamentais:** Cristiane Mutüs
**Gerência Comercial:** Claudio Lima
**Gerência Marketing:** Viviane Paiva
**Coordenador Editorial:** Milton Meira do Nascimento
**Revisão:** Sônia Maria dos Reis
**Diagramação:** IMG3
**Projeto Gráfico e Capa:** Marcelo Girard

ALTA BOOKS
GRUPO EDITORIAL

Rua Viúva Cláudio, 291 – Bairro Industrial do Jacaré
CEP: 20.970-031 – Rio de Janeiro (RJ)
Tels.: (21) 3278-8069 / 3278-8419
**www.altabooks.com.br** – altabooks@altabooks.com.br
**Ouvidoria:** ouvidoria@altabooks.com.br

Editora **afiliada à:**

ASSOCIADO

# *Sumário*

*Parte I*

# Conhecimento, economia e poder

1

# Você sabe o que está dizendo?

"A semântica – sobretudo a semântica geral de Alfred Korzybiski (1879-1950), cientista e educador de origem polonesa – interessa-se, em especial, não pelas palavras em si, mas pelas reações humanas a símbolos, sinais e sistemas simbólicos, incluindo a linguagem".

*O uso e o mal uso da linguagem*,
Samuel Hayakawa

Samuel Hayakawa[1] afirma que "o resultado final da educação (...) é o esquema total de reações e possíveis reações que temos dentro de nós". Realmente, se compreendermos esta educação de um modo amplo, não apenas formal; se a compreendermos como sendo fruto de nosso aprendizado geral, chegaremos a mesma conclusão. Nós "reagimos" a um determinado símbolo de acordo com o significado que dele aprendemos (ou desaprendemos!).

1 Linguista e político norte-americano (1906-1992).

O problema consiste em mantermos um espírito necessariamente crítico, a fim de estabelecermos a distinção que deve haver entre o símbolo e seu significado. Paul W. Bridgman[2] afirma que "se acha a verdadeira significação de um termo, observando o que um homem faz dele".

Hoje, com nossos meios de comunicação extremamente aperfeiçoados, temos perdido o costume de conceituar, avaliar. Melhor, reconceituar, reavaliar, pois é exatamente a falta desta prática que nos tem levado a aceitação passiva de certos termos. Neste instante, se fizéssemos uma "higienização semântica" e reavaliássemos determinados símbolos, sem dúvida alteraríamos nosso "esquema de reações". Essa preocupação com o significado das expressões objetiva unicamente livrar-nos do preconceito.

Dizemos "azul" de algo que tenha a qualidade visual azul; dizemos faca daquele objeto de aço que serve para cortar; dizemos, porque sabemos que eles possuem as respectivas qualidades, os respectivos significados. Entretanto, temos reagido a símbolos como "comunismo", "capitalismo", "proletariado" e "burguesia" como se tivéssemos plena consciência do seu valor, como se estes símbolos, em si, fossem evidentes. Não, não são. O que acontece é que incorporamos, ao nosso esquema de reações, em vez de conceitos, preconceitos adquiridos inconscientemente.■

2 Físico e matemático norte-americano (1882-1961).

2

# O papel das ciências humanas na universidade

O tema acima, proposto em certa ocasião para a reflexão de uma turma de pós-graduação da Faculdade de Filosofia da USP, parte de pelo menos dois pressupostos: 1) é claro e imediato o significado dos termos "ciências humanas"; e 2) as "ciências humanas", entendidas como gênero de saber preocupado de modo amplo com o homem e suas diversas manifestações, têm um papel na universidade, restando-nos somente a tarefa de descrevê-lo.

Possível e necessária crítica do primeiro pressuposto nos conduzirá a uma crítica do segundo e a uma melhor compreensão do tema.

Admitamos que as ciências que convencionamos denominar "humanas" podem ser separadas em dois grupos: o da sociologia, psicologia, geografia e economia, de um lado, e o da história e filosofia, de outro. Enquanto as ciências do primeiro grupo se propõem o objetivo de construir 'modelos' destinados a possibilitar uma ação direta do homem sobre a realidade social, as do segundo grupo, história e filosofia, inclinam-se predominantemente para a reflexão crítica da realidade. Neste caso, não há propriamente produção de 'modelos' explicativos voltados para a intervenção na realidade – há, antes, a inauguração de um momento de reflexão crítica sobre 'saberes' e 'fatos' existentes.

Portanto, quando se fala de "papel das ciências humanas na universidade", assim como em qualquer outra instituição social, esta expressão diz respeito principalmente às ciências do primeiro grupo; mas quando se tem em mente a História ou a Filosofia, é mais apropriado falarmos em *antipapel*. Isto para neutralizar a denotação ativa do termo 'papel', reforçada pela natural vocação dos 'modelos' produzidos pelas ciências do primeiro grupo. De fato, não produzindo modelos ou esquemas de ação, a Filosofia e a História não têm propriamente um 'papel' – têm um antipapel, que consiste em convidar os atores sociais a refletirem sobre os fundamentos e as consequências das suas ações.

Se você considera o quadro que acabamos de desenhar excessivamente esquemático, você tem razão. Pois a verdade é que o trabalho construtivo (de modelos) e o crítico-reflexivo não se encontram divididos desta forma. Ou, dito de outro modo, a relação entre a ação e a reflexão não se refere a funções paralelas e estanques. Haja vista o exemplo de *Das Kapital*, obra onde Karl Marx desenvolve uma reflexão crítica sobre a economia capitalista e, ao mesmo tempo, lança os embriões de um novo modelo de modo de produção, o socialista. O mesmo pode ser observado em relação ao diálogo *Mênon*, escrito por Platão, em que Sócrates caminha naturalmente da reflexão pura (é possível o conhecimento?) para sua "teoria" da reminiscência (modelo explicativo da origem do conhecimento).

Portanto, ajustemos a definição. Existem ciências humanas com características ou predominantemente teóricas, no sentido de que produzem modelos de ação ou predominantemente crítico-reflexivas, das quais derivam respectivamente papéis e antipapéis sociais, que, embora distintos, são complementares.■

# 3

# Sobre a teoria da origem do conhecimento de John Locke[3]

## A folha de papel em branco de Locke

"Suponhamos então que a mente seja, digamos, uma folha de papel em branco, vazia de todos os caracteres, sem quaisquer ideias; como vem ela a ser preenchida? De onde ela ganha aquele vasto suprimento [de ideias], o qual a imaginação ativa e sem limites do homem pintou nele com uma variedade quase sem fim? A isto eu respondo em uma palavra: Experiência. Nela, todo nosso conhecimento se fundamenta, e dela, finalmente, deriva. Nossa Observação, empregada ou sobre Objetos sensíveis externos ou sobre as operações internas de nossa Mente, percebida e refletida por nós mesmos, é aquela que supre nosso Entendimento com todo o material do pensamento. Estas duas são as fontes do Conhecimento, de onde

3 Conhecido como "pai do liberalismo", John Locke (1632-1704) foi também um dos fundadores da teoria empirista do conhecimento.

todas as ideias que temos ou podemos naturalmente ter derivam". (Locke, John, *An essay concerning human understanding*, Clarendon press-Oxford, 1975)

Locke afirma que "aquele vasto suprimento [de ideias], o qual a imaginação ativa e sem limites do homem pintou nele com uma variedade quase sem fim" tem origem em uma única fonte: na experiência. É, pois, claro o ponto de partida fático, na consideração da origem das ideias, uma vez que a relação estabelecida entre elas e os seus objetos se dá no plano fatual-psicológico, concreto, e não no plano de direito, no plano lógico.

Nesta esfera de concreção, a medida, por meio da qual deverá ser aferida a adequação de todo aquele suprimento de ideias à realidade, será, definitivamente, uma: a sensação (visual, auditiva, gustativa, olfativa). Entretanto, com esta experiência externa somente, Locke não pode *explicar* as ideias mais complexas; nem, a rigor, as simples[4], na medida em que toda espécie de *explicação* transborda a esfera da pura concreção. É necessário um elemento que fuja à circunstancialidade da experiência externa, e Locke vai buscá-lo na *experiência interna* ou reflexão: existem ideias simples de reflexão, que são representativas de

4 Em suas *Regras para a direção do espírito*, escritas entre 1628-1629, o filósofo francês Descartes já situava as ideias simples (cuja intuição fosse indubitavelmente verdadeira) como o ponto de partida de construção de um discurso verdadeiro.

experiências que se dão ao nível do sujeito apenas.

De um modo ou de outro, toda ciência, todo conhecimento que temos, é (ou pode ser reduzido a) ideias simples, que "não podem ser comunicadas a nós, se não as obtemos da experiência" – experiência externa ou experiência interna.

Todas as ideias, por mais complexas que possam ser, devem poder reduzir-se a ideias simples, finalmente irredutíveis, cuja garantia de que correspondem a algo existente nos é dada por uma intuição sensível.

Contudo, observamos: Locke estabelece as condições para que haja conhecimento e, com isto, o seu limite. Mas, nem por isso, deixa de aceitar a existência do imponderável; isto é, de alguma ideia que, embora presente em nossa linguagem corrente (e dela não se possa dizer que não corresponde a uma existência), não conseguimos reduzir à simplicidade máxima de uma intuição. É o caso da ideia de 'substância'. Não encontramos, na experiência, interna ou externa, algo que corresponda a esta ideia. Por exemplo, concebemos uma multiplicidade de qualidades – 'branco', 'liso', 'espesso', etc., e tudo isto tem um nome: 'vidro'. Entretanto, sabemos que a verdade do vidro, aquilo que o vidro é, está além destas qualidades; o corpo que aqui está, na minha frente, possui uma *constituição íntima*, sem a qual, a mera reunião das qualidades citadas nada significa. "A substância é, portanto, para Locke, algo como o infinito atual; existe, mas não sabemos o que é, e a única investigação que dela podemos fazer é uma investigação experiencial das qualidades que nela coexistem".

Esta é a concessão que Locke faz ao racionalismo, admitindo um "não sei quê", algo que existe, mas não nos é dado pela experiência.

Neste momento, analisada a parte central do texto acima citado, uniremos seus dois extremos numa única questão.

Locke diz que a 'Observação', ao lado da experiência, é a fonte dos nossos conhecimentos, e que "empregada sobre objetos sensíveis externos ou sobre operações internas de nossa mente, percebida e refletida por nós mesmos, é aquela que supre nosso Entendimento com todo o material de pensamento". Perguntemos então: não está implícita na noção de '*observação*' a ideia de observador, a ideia de um sujeito observante? E, neste caso, de onde vem esta ideia, ela que indiretamente é dada como uma das fontes das outras ideias?

Parece que estamos diante daquela concessão de Locke ao racionalismo, citada anteriormente: estamos diante de uma substância.

Podemos supor que a mente seja uma "folha de papel em branco, vazia de todos os caracteres, sem quaisquer ideias". Entretanto, sabemos que se trata de uma metáfora e que a mente bem poderia ser chamada de "lenço de linho"; de um jeito ou de outro, o que nós concebemos, por trás disto, é uma ideia confusa, indeterminada, um "não-sei-quê". Concebemos a mente, a alma, como uma substância. Locke está então de pleno acordo com Descartes que, na 2ª Meditação metafísica, ao perguntar-se: *"...o que sou eu?"*, responde: *"Uma coisa que pensa"*.

Diante deste quadro, nosso próximo passo seria buscar, sob a condição lockeana do conhecimento, a experiência, a existência daquela "coisa pensante". Não perdendo de vista, em nenhum instante, o fato da experiência, seríamos levados, como o foi Hume, a uma concepção mecanicista do processo do conhecimento.

Por outro lado, ignorado este fato e estendido abusivamente o limite da experiência interna, seríamos levados à verificação do "eu", por meio de uma apreensão imediata deste. Então, procurando ultrapassar este âmbito psicológico do conhecimento, estaríamos no ponto de partida cartesiano, ao tentarmos demonstrar o caráter também objetivo da verdade do "eu penso, logo existo" pela demonstração da existência de Deus; e estaríamos no ponto de partida kantiano, prontos para descobrir, ao lado daquele eu concreto, um eu transcendental, constituído por formas *a priori* da sensibilidade, condição de possibilidade do conhecimento científico.■

4

# A intuição pura em Immanuel Kant[5]

Para fundamentar o conhecimento científico, Kant procura estabelecer os limites da razão. Existem juízos sintéticos (JS), que são aqueles, mediante os quais, atribuímos, pela experiência sensorial, um predicado, uma qualidade nova ao sujeito. São, portanto, juízos ampliativos. Exemplo: *A pedra é quadrada.* (A ideia 'forma quadrada' é acrescentada à ideia de 'pedra' depois de uma verificação sensorial). E existem os juízos analíticos (JA), que são aqueles, cujos predicados não acrescentam ao sujeito nada que já não estivesse contido neste. Exemplo: *A pedra é um corpo.* (A ideia 'corpo' não acrescenta à ideia 'pedra' nada que já não tivéssemos pela análise intelectual da ideia de 'pedra'). Mas o conhecimento que se queira arrogar a dignidade de conhecimento científico, apodítico, não deve ser nenhum desses dois. Deve ser constituído de *Juízos*

5 Immanuel Kant (1724-1804), filósofo alemão, cuja teoria do conhecimento faz uma releitura original tanto do empirismo como do racionalismo.

que, embora *sintéticos* e *ampliativos*, podem ser emitidos *a priori*, independentemente de uma experiência sensível. São chamados de Juízos Sintéticos a Priori (JSAP). E esta *aprioridade* é garantida pelo modo de constituição do 'Eu'.

Dado que o método que elege é o analítico, Kant deve partir *daquilo que se investiga, como um dado, e ascender às condições que o tornam possível* [6]. Partirá então do que denomina 'matemática pura', pois é aí que se encontram os JSAP. Diz ele: "A matemática pura, como conhecimento sintético *a priori*, só é possível na medida em que não se refere a outros objetos que não sejam os objetos dos sentidos..."[7]

Uma vez que os juízos da matemática são sintéticos, esta ciência tem necessariamente que estar relacionada com os objetos dos sentidos, do mesmo modo como o estão todos os juízos sintéticos (sejam eles a priori ou a posteriori)

O problema consiste em saber como os juízos sintéticos da matemática, sendo juízos *a priori*, podem ao mesmo tempo referir-se aos objetos dos sentidos.

Kant afirma que *a intuição empírica* [dos objetos dos sentidos] *se funda, e precisamente a priori, numa intuição pura* (do espaço e do tempo)[8]. Dessa forma, se o conhecimento empírico que temos dos objetos

6 Kant, I. – *Prolegômenos a toda metafísica futura que possa apresentar-se como ciência*, Companhia Editora Nacional, 1959, § 5°, p.45.
7 *Idem, ibidem*, § 11, p. 52.
8 Idem, ibidem, p. 52-3.

dos sentidos se funda na intuição que temos do espaço e do tempo, bastará mostrar que esta intuição é dada *a priori* e é *pura* para provarmos a referência dos JSAP aos objetos dos sentidos. Nesse sentido, temos que provar o seguinte: a) a intuição empírica se funda numa intuição do espaço e do tempo; e b) essa intuição é pura (isto é, não tem relação com a experiência externa) e a priori (isto é, não tem origem na experiência, tem origem no *Eu*). Kant diz que a intuição empírica pode fundar-se na intuição pura *por esta não ser mais do que a simples forma da sensibilidade, anterior à real aparição dos objetos, tornando-a primeiramente possível de fato.*[9]

No § 2 da *Estética Transcendental*, artigo que faz a exposição metafísica do conceito de espaço, ele mostra a anterioridade do espaço em relação aos objetos. Diz que o espaço não é dependente dos objetos, e que, mesmo que não existisse nenhum objeto, o espaço subsistiria[10]. Do mesmo modo, no § 4 afirma também a anterioridade do tempo. Ou seja, o espaço e o tempo, que são fundamentos e a condição de possibilidade dos fenômenos, têm uma realidade subjetiva, identificando-se com a própria intuição pura. Diz o filósofo:

> "... se se nutrisse a mínima dúvida sobre este ponto, a saber, que o espaço e o tempo são determinações inerentes não às coisas em si, mas somente à relação destas

9 *Idem, ibidem*, p. 53.
10 *Idem, ibidem.*

com a sensibilidade, de bom grado desejaria que me dissessem como é possível saber a priori, e por conseguinte antes de todo contato com as coisas, isto é, antes que estas nos sejam dadas, qual a natureza da intuição delas, como justamente sucedendo os casos do espaço e do tempo." [11]

Se negarmos que o espaço seja absoluto e, ao mesmo tempo, uma forma da sensibilidade (subjetivo, portanto); se provarmos que o espaço é inerente às próprias coisas, cai então por terra a teoria da intuição de Kant. Entretanto, diz ele, se isto acontecer, não haverá como explicar o saber *a priori*.

Como provar a existência de um espaço absoluto e subjetivo? – Pelo exemplo de duas figuras incongruentes. Apesar de toda semelhança que ostentam de per si, entre suas partes internas, estas figuras não podem ocupar uma o espaço ocupado pela outra. Como exemplo temos dois triângulos esféricos dos dois hemisférios, cuja base comum é um arco do equador. O único meio de que dispomos para inferir a igualdade dos triângulos é a intuição pura, ou seja, a intuição do espaço e do tempo como forma de nossa sensibilidade.

Se concedemos às coisas uma realidade própria, defende Kant, o que pensamos destas, antes da experiência, poderá corresponder-lhes, mas não necessariamente. Somente por acaso.

11 *Idem, ibidem.*

Ao contrário, sendo as coisas apenas fenômenos, isto é, apenas maneiras de se apresentarem ao meu espírito, eu poderei conhecê-las com apoditicidade, e *a priori*, uma vez que a condição de possibilidade de todos os fenômenos resolve-se numa faculdade e numa forma *a priori* do espírito. Dirá Kant:

> "Ora isto é perfeitamente compreensível, desde que ambos sejam tomados como simples condições formais de nossa sensibilidade, e os objetos como puros fenômenos, porque então a forma do fenômeno, isto é, a intuição pura, pode muito bem ser tirada de nós mesmos e representada a priori." [12]

Portanto, o exemplo dos triângulos esféricos mostrou que a possibilidade de estabelecer um nexo de apoditicidade, essencial à ciência, entre dois conceitos distintos, A e B, é dada pela possibilidade da intuição pura, ou seja, pela possibilidade da forma da intuição sensível. O entendimento, ignorando esta última, opera sobre a primeira.■

12 *Idem, ibidem.*

5

# Tempo histórico e tempo lógico na interpretação dos sistemas filosóficos (*Victor Goldschmidt*)

## Os métodos de intepretação dos sistemas filosóficos podem ser *dogmáticos* ou *genéticos*

*Os dogmáticos operam em um tempo lógico*

Diante do sistema, assumem hipoteticamente a verdade deste; e a esta procura efetivamente chegar, seguindo os movimentos de pensamento e as indicações do filósofo autor.

*Os genéticos* consideram todo o sistema (o conjunto das teses) como sendo condicionado por fatores estranhos ao pensamento filosófico (fatores econômicos, psicológicos, políticos etc). Busca então desvendar estes condicionantes que aparecem como causas do sistema.

Pelo fato de se manter dentro dos limites do sistema, não se utilizando de recursos extrassistema, o método dogmático "subtrai-o do tempo". Desse modo, serão as contradições de caráter lógico que invalidarão o sistema, via julgamento da falsidade das suas premissas.

Neste caso, pergunta-se: uma lacuna existente entre essa pretensão de verdade e o fato da verdade de todas as teses "ao mesmo tempo" não introduziria entre elas (e como condição mesmo de revelação da lacuna) um argumento estranho ao sistema? Talvez Goldschmidt respondesse que esta lacuna é conhecida pelo autor do sistema e deve ser atribuída a sua "responsabilidade filosófica". Mas, de qualquer forma, tal justificativa, naturalizando as contradições, significa ser impossível refutar um sistema.

Quanto ao método genético, ao procurar explicar as contradições do sistema, pode adotar vários pontos de vista diferentes: o econômico, o sociológico, o político etc. ou todos ao mesmo tempo. Entretanto, por mais "puro" (filosófico) que ele procure ser, ao julgar um sistema a partir de um referencial exterior, o método genético mutila a verdade histórica deste sistema, já que os momentos que o constituem são explicados por argumentos outros que não os do filósofo, os quais, por definição, se encontram dentro do sistema, encarnados nos movimentos de pensamento que ele conduz.

Não se pode separar a filosofia do discurso e da explicitação. A explicitação se dá num "tempo" que compreende a progressão dos movimentos do espírito rumo a estruturação da obra. É um "tempo lógico". Pode-se aceitar que esta explicitação seja originária de uma "intuição original", de uma "ideia" do filósofo. Mas tal "intuição" ou "ideia" nada pode contra o sistema, ou seja, o conjunto das teses explicitadas em movimentos conduzidos pelo filósofo. Qualquer apreciação de matéria do sistema ou de suas teses deve ser referida ao movimento (método) que a produziu. "O que é preciso estudar é essa 'estrutura do pensamento', e referir cada asserção a seu movimento produtor, o que significa, finalmente, a *doutrina do método*". A doutrina é inseparável do método. O pensamento, enquanto cria teses, pratica um método sem o qual não se explicitariam as teses. A obra filosófica completa não pode ser considerada simplesmente como método de exposição, pois que, antes dela, existem somente ideias confusas e indeterminadas, que somente clarificam e ganham forma no exercício do pensamento – método. Método que *expõe*, enquanto *descobre*. O método dogmático caminha progressivamente em direção da ideia total, da qual o método genético pretende partir.

"Mas a *opinião* não se confunde com a *ciência*; a tese simplesmente 'descoberta', isto é, entrevista e que flutua livremente diante do espírito, não estará inventada, de verdade, senão quando for 'exposta', isto é, encadeada por um raciocínio". Os movimentos do pensamento filosófico são movimentos que progridem metodicamente construindo a estrutura da obra. Esta estrutura, acabada, "define a arquitetura da obra" e constitui o próprio método em ato.

O tempo em que se dá a progressão destes movimentos de pensamento é um *tempo exclusivamente lógico*. E é a possibilidade de distinguir um tempo lógico de um tempo vivido que funda a distinção entre método dogmático e genético. "Esta *temporalidade* está contida, cristalizada, na estrutura da obra, como o tempo musical na partitura". Admitir um *tempo lógico* é adotar uma regra de interpretação filosófica. Para um exemplo notável de exercício deste método, é imperdível a leitura de *Descartes segundo a ordem das razões*, de Martial Gueroult, tradução brasileira publicada pela Discurso Editorial, Ltda. Em 2016.

A progressão do pensamento do filósofo delineia a estrutura da obra. Dessa forma, repetir esses movimentos é compreender paulatinamente a estrutura que os fixou. Para percorrer estes movimentos de pensamento há um "tempo lógico" relacionado a um "tempo histórico", o qual pode variar segundo a pessoa do leitor. Ou seja, é como se, para compreender o tempo lógico, incrustado no primeiro capítulo de O *Capital*, um leitor vivesse um longo tempo histórico, representado pela leitura de 10 capítulos de comentários de outros autores.

O reconhecimento das relações entre o "tempo lógico" e o "tempo histórico" não impede de reconhecer entre eles uma diferença essencial: "mas a estrutura das *Meditações* (Descartes) é dada objetivamente, o método que a subentende pretende-se universal."

Os condicionantes do sistema filosófico, no método genético: fatos econômicos, políticos etc., estão compreendidos em um "tempo exterior" ao sistema. Mas o sistema, em que pese seu condicionamento possível, constitui uma promoção de tudo que se passa na "alma do filósofo" para uma ordem especulativa (do "tempo lógico").■

6

## *Some Considerations,* de John Locke[13]: um texto ocasional ou teórico?

John Locke publica *Some Considerations of the Consequences of the Lowering of Interest, and Raising the Value of Money*[14], seu primeiro escrito econômico, entre fins de novembro e início de dezembro de 1691. A pequena obra, um '*paper*' como ele a classifica, foi escrita em linguagem polêmica, especialmente contra duas propostas de lei apresentadas ao Parlamento inglês: uma pela redução da taxa de juro de 6% para 4% ao ano, outra pelo aumento do valor nominal da moeda. Locke concluiu a redação do texto no dia 7 de novembro de 1691, exatamente 4 dias antes da apresentação das propostas ao Parlamente inglês, ocorrida no dia 11. Este fato convidaria a concluir que *Some Considerations* foi apenas uma obra de ocasião.

13 John Locke (1632-1704), filósofo inglês, considerado por muitos também um economista pré-clássico.
14 *Considerações sobre as consequências da redução do juro*, Tradução e notas de Walter Paixão, Editora Humanitas, SP, 2005.

Em certo sentido, pode-se dizer que foi. Mas se ficamos na qualificação de uma obra como 'obra de ocasião', podemos ser levados à falsa conclusão de que não estamos diante de uma obra teórica *stricto sensu*. Tudo se passa como se, por essa expressão, se devesse entender que a obra nasceu exclusivamente de apelos fugazes 'de ocasião' e não de rigorosas exigências postas por uma *epistéme* em particular ou pelo amplo projeto teórico do autor.

A partir dessa ótica, enfatizar sinais exteriores de 'ocasionalidade' de uma obra, tais como possíveis problemas econômicos ou político-sociais aos quais esta vise dar solução, equivaleria a negar o seu valor teórico. Ora, não estaria exatamente, na capacidade de se apresentar, ao mesmo tempo, como "ocasional" e "não ocasional", uma das principais características distintivas de grande parte da obra lockeana? Relativamente à suspeita de que o *Two Treatises of Government* seria igualmente uma "obra de ocasião", Fagiani afirma que a 'ocasionalidade' ou 'não ocasionalidade' de uma obra não é suficiente para decidir sobre sua condição teórica. E que, exatamente por isto, um livro como *De Cive*, de Hobbes, em que pese ter sido *"scritte e pubblicate sotto l'incalzare di un evento contingente"*[15], pode apresentar-se como uma obra cujo estatuto teórico é inegável. Embora *Some*

15 "...escrito e publicado sob o encalço de um evento contingente".

*Considerations* apresente sinais evidentes de ocasionalidade, este exemplo de Fagiani reforça nossa convicção de que também o texto econômico de Locke pode ser uma obra genuinamente teórica, em sentido estrito, independentemente da questão de ser ou não uma obra ocasional.

O problema será então demonstrar esta hipótese, definindo um quadro de referências que mostre que a obra foge à ocasionalidade e se justifica em chave teórica. Não pode ser um quadro de referências qualquer. Um quadro de referências temáticas, mostrando que Locke vinha refletindo sobre os mesmos temas econômicos, havia muitos anos antes da publicação de *Some Considerations*, pode ter a aparência de prova. Pois, é óbvio que não se poderia classificar como ocasional de 1691, uma obra que foi escrita, em sua maior parte, entre 1668 e 1674. Mas, com este procedimento, o que se faria na realidade seria recuar o problema no tempo, uma vez que, à época da sua redação original, o texto já exibia quase todos os sinais exteriores de ocasionalidade apresentados pelo texto publicado em 1691. Além disso, surge um obstáculo intransponível: considerado o período 68-74 como a verdadeira data do texto, não disporíamos de elementos para compor um quadro de referências econômicas prévias para negar a sua ocasionalidade. Nesse caso, seria possível contra-argumentar que o objeto de *Some Con*siderations não é exclusivamente o 'econômico', mas, o 'social', entendido como um complexo temático. E que, portanto, seria válida a utilização de um quadro de referências temáticas várias (políticas, morais e pedagógicas), sobre as quais Locke teria previamente refletido, o que bastaria para salvaguardar a obra do estigma da 'ocasionalidade'. Ora, tal argumento, poderia sim provar que a obra era não ocasional. Mas isto não contribuiria em nada para provar o seu caráter teórico, que, como pensa Fagiani, independe do fato da obra ser ocasional ou não ocasional.

Outra possiblidade seria a utilização de um quadro de referências ideológicas, entendido como o lugar em que uma obra se insere de modo articulado, seja como elemento regulador ou regulado, no conjunto das obras que constituem a "visão de mundo" do autor. Nesse sentido, situando-se no plano da história geral (política, econômica e social) como na história do desenvolvimento intelectual de Locke, os estudiosos apresentam "visões lockeanas de mundo" que variam em função do problema filosófico/ideológico particular que puseram em evidência como hipotético elemento regulador da totalidade da reflexão filosófica de Locke. Assim, se destacássemos, como elemento regulador da obra de Locke, a preocupação dele com a 'justiça', poderíamos falar de uma *visão de mundo ética*, à qual outras possíveis visões de mundo embutidas na obra estariam de algum modo subordinadas de modo articulado. Por processo equivalente, realçando a questão das 'recompensas e castigos' de que Locke trata ao longo da sua carreira, poderíamos ter uma *visão de mundo religiosa*; o foco na sua justificação de uma 'apropriação ilimitada dos bens", nos mostraria *uma visão de mundo lockeana burguesa* e assim por diante, pois muitas outras visões de mundo dele poderiam vir a ser propostas a partir desse método, cada uma exibindo uma lógica particular. Conclusão: um quadro de referências ideológicas pode revelar afinidades do livro *Some Considerations* com a obra total de Locke, mas, também nesse caso, não nos ajuda a determinar o seu caráter teórico.

Entretanto, verificamos que todas estas possíveis filosofias têm em comum o fato de serem filosofia, ou seja, estarem todas comprometidas com um modo determinado de fundamentação do conhecimento, no caso, a epistemologia de Locke. Ele próprio revela que, durante discussão com amigos sobre um tema moral, ainda em seus tempos de formação, concluiu que as dúvidas que esse tema suscitava no seu grupo de amigos somente poderiam ser resolvidas depois de uma investigação que lhes permitisse determinar os limites do conhecimento humano. Começava, assim, a nascer o seu *Ensaio sobre o entendimento humano*. Portanto, definitivamente, de todos os elementos que constituem a filosofia de um autor, o epistemológico é o que ocupa a posição estratégica. Procurei caminhar nessa direção, destacando alguns elementos da *epistéme* que sustenta teoricamente *Some* Considerations, nas páginas 41 e 52-58 da introdução à tradução deste texto, ambas de minha autoria.■

7

# A crise do entendimento

## I

O homem não é uma planta. Não é um simples animal. Nem um ente qualquer, enredado inescapavelmente na cadeia da causalidade natural. O homem é livre. Não está preso em uma cadeia causal. Não se sujeita ao determinismo dos instintos. Reflete. Projeta. Autodetermina-se.

Como entender então a sua história? Fato consumado a nos impor escolhas? O que é história? Excrescência da liberdade humana, objeto da crônica, sempre aquém e além da essência do ser que quer revelar? Ou maravilhosa, porém inenarrável, façanha de um ser sem corpo? Estamos enroscados numa antinomia real, a atrapalhar tanto os raciocínios do historiador quanto as ações do historiado.

Para Kant, embora constitua um território libertado do determinismo das causas naturais, a história – inseparável da presença daquele que a produz – pode realizar um comércio legal com o mundo sensível.

Analisando a natureza e o papel do entendimento

na solução kantiana dessa antinomia, observamos que ele possui um caráter ambivalente, na medida em que funciona tanto no mundo sensível, teatro da razão teórica, como no mundo libertado do determinismo natural, esfera dos valores, campo da razão prática.

O entendimento kantiano, faculdade de conhecer, opera em conformidade com aquilo que torna possível o conhecimento, ou seja, as 'condições de possibilidade' deste, que são as formas subjetivas da sensibilidade do espaço e do tempo. Em outras palavras, o objeto não é capturado "em si mesmo", *in concreto*, mas a partir das formas de sensibilidade espacial e temporal, que se encontram *a priori* no sujeito, funcionando como condição de possibilidade da intuição empírica do objeto.

O entendimento está presente no nível mais elementar do processo de conhecimento, operando a síntese do múltiplo dado na intuição. Não diretamente, mas por meio daquilo que Kant chama de 'esquemas'. Constituído de um sistema de conceitos puros derivados da forma lógica dos juízos, o entendimento opera também em nível mais elevado, como faculdade julgar, produzindo juízos, ou seja, efetuando sínteses de conceitos ou explicitando, por análise, um mesmo conceito.

Quanto à razão, esta tem a função de unificar os juízos produzidos pelo entendimento, mediante princípios que têm origem nela mesma, sem, portanto, contato com a experiência. Não obstante, estes conceitos da razão são condição indispensável para o acabamento do trabalho do entendimento na produção do conhecimento.

No juízo "Todos os metais são divisíveis", o conceito 'metal' põe o entendimento no nível elementar, porque se refere diretamente à intuição. Já o conceito 'divisível' supõe um trabalho superior do entendimento, porque se refere a uma diversidade virtual de conceitos (dentre os quais o de *corpo*) e, portanto, só indiretamente a intuições. Assim, por exemplo, ao subsumir o conceito 'metal' ao conceito 'divisível', o entendimento atinge o limite da sua jurisdição na produção de conhecimento.

Mas algo exige que este trabalho de subsunção avance, não pela subsunção de conceito a conceito, mas pela subsunção de juízo a juízo, mediante um trabalho que não mais é executado pelo entendimento, mas pela razão, sob as regras do silogismo.

Dado o juízo "Todos os metais são divisíveis", a exigência da razão pode ser determinada por um interesse heurístico, de descoberta. Neste caso, ela toma o juízo como regra. E, em seguida, subsome um juízo possível à condição desta regra, por exemplo, "A faca é um metal". Finalmente, determina um conhecimento novo, "A faca é divisível". E pode ainda, se quiser, estender esta cadeia silogística indefinidamente para baixo.

A razão pode também tomar o juízo dado não como regra, mas como conclusão, por exemplo, "A faca é divisível". Neste caso, ela põe um juízo que possa funcionar como regra – "Todos os metais são divisíveis", verificando se a conclusão se deixa subsumir a ele através de um juízo mediador, como "Todo metal é corpo". Ou seja, a razão pode induzir a regra, sob as condições da experiência.

Se a função da razão fosse somente lógica e seu interesse, apenas "prático", a estória poderia acabar aqui. Mas, não. A razão possui uma função transcendental também e um interesse especulativo. Logo, a razão exige que o entendimento continue com ela esta escalada para o alto da cadeia silogística. De tal modo que o entendimento não terá seu trabalho reconhecido, a não ser que apresente o título de validade do conhecimento produzido, que é a totalidade das condições (regras) que o determinaram. Ora, o entendimento não é capaz disso, porque, sendo seu campo de ação somente a experiência possível, as regras a que está submetido impedem que ele produza o conceito de totalidade.

O que fazer então?

A razão vem em socorro do entendimento e produz, a partir de si mesma, um sistema de conceitos racionais que servirão de princípios unificadores das regras do entendimento. São os conceitos de 'alma', 'mundo' e 'Deus'. Estes conceitos estão de tal modo encadeados pelas (ou conforme) ~~as~~ espécies de juízos, que o conceito de Deus (ideal da razão pura) aparece como o fundamento último de todo o conhecimento objetivo, o conhecimento propriamente produzido pelo entendimento.

Entretanto, há que se observar: a ideia de um 'ente supremo', assim como a de 'mundo' e 'alma', possui uma função apenas *reguladora* de conhecimento e não constitutiva. Isto é, é um conceito sem objeto (não foi produzido pelo entendimento nas condições da experiência), cuja função é oferecer um *acabamento lógico-transcendental* à série de condições do nosso conhecimento.

Ao colocar um princípio regulador como princípio constitutivo de um elo da série causal, a razão emperra o entendimento, transformando-se assim em uma razão preguiçosa, uma *ignara ratio*. Kant explica:

"Do fato de se usar a ideia de um ente supremo não apenas regulativamente mas (o que é contrário à natureza de uma ideia) também constitutivamente, o primeiro defeito a surgir é o da razão indolente (*ignara ratio*). Pode-se chamar assim todo o princípio que faça com que alguém encare a sua investigação da natureza, seja onde for, como absolutamente concluída, e que a razão se entregue pois ao descanso, como se tivesse executado inteiramente o seu ofício". (*Crítica da razão pura*, Abril, SP, 1980, p. 339).

Em outras palavras, ao ultrapassar os limites da experiência, atribuindo a si própria uma função constitutiva, a razão, em seu uso teórico, entra em crise.

## II

Para Kant, o homem é, ao mesmo tempo, *dependente* e *independente* da causalidade fenomênica. Explica-se. A razão exige que isto que ocorre tenha uma causa, a qual tenha uma causa, a qual tenha uma causa...até a *determinação completa* das causas. Mas, se esta é uma tarefa que, como sabemos, vai além da capacidade do entendimento, o que fazer? Kant responde:

> "...a razão cria para si mesma a ideia de uma espontaneidade que pode, por si mesma, iniciar uma ação sem que seja necessário antepor-lhe outra causa que, por sua vez, a determine para a ação segundo a lei da conexão causal." (*Idem*, p. 271-2)

Ou seja, a razão teórica cria o conceito de *liberdade*. Ser antinômico, o homem pertence, ao mesmo tempo, ao mundo sensível e ao mundo inteligível. É *fenômeno* e *nôumeno* (coisa-em-si). Enquanto ser noumênico, o homem age, e sua ação está fora do mundo sensível; enquanto ser fenomênico, o efeito desta ação pertence a este mundo, ficando inteiramente sujeito às leis da experiência.

> "...exatamente a mesma vontade será pensada no fenômeno (nas ações visíveis) como necessariamente conforme à lei natural e, nessa medida, *não-livre*, e, por outro lado, ainda assim, enquanto pertencente a uma

coisa em si mesma, pensada como não submetida à lei natural e, portanto, como *livre*, sem que nisso ocorra uma contradição". (*Idem* p.16)

Isto posto, iluminam-se para nós as razões que permitem a Kant manifestar-se com entusiasmo sobre a crítica humeana da causalidade[16].

Por estar de acordo com esta crítica, o filósofo pode postular a liberdade, sem entrar em choque com a própria doutrina da necessidade. De fato, depois de ter estabelecido que Hume considera *coisas em si* (e não fenômenos), Kant pode admitir tranquilamente que, neste domínio, a necessidade seja *relativa* – a não há como aplicar a categoria da necessidade na relação entre coisas em si. Mas isto não significa que o conceito de causa tenha sido banido do domínio das coisas em si.

Devidamente transformado, este conceito penetrará neste domínio, abrindo para as outras categorias do entendimento as portas do mundo inteligível. Como Kant faz isto? Primeiro, circunscrevendo a crítica de Hume e recuperando o conceito de causa (objeto da CRP); depois, indicando que o conceito de causa, enquanto conceito *puro*, não tem objeto determinado,

16 "A conclusão de Hume é que a relação causal é injustificável e que a crença nesta pode explicar-se somente pelo instinto, isto é, pela necessidade de viver que a exige". *Dicionário de Filosofia*, Abbagnano, Editora Mestre Jou, SP, 1982.

refere-se a objetos em geral; finalmente, mostrando que, além de seu uso teórico, ele pode ter um *uso prático* [17]. Pode, não; *deve*. Pois, afinal, a razão em seu uso teórico, depois de ter "pressentido" um mundo que foge às leis do conhecimento objetivo, é obrigada a tornar-se prática para buscá-lo.

> "A razão pressente objetos que se revestem de um grande interesse para ela. Enceta o caminho da simples especulação para se aproximar destes objetos; estes últimos, no entanto, se esquivam dela. Presumivelmente poderá esperar melhor sorte na única senda que ainda lhe resta, a saber, a do uso prático." (Critique de la raison pratique, VRIN, p.389

Esta senda conduz a um novo mundo.

## III

Neste novo mundo, raia o sol da liberdade. Tudo que aí existe é iluminado por ela. Contudo, como se nota, não se trata de um mundo sem leis. A liberdade, ela própria uma lei, é derivada da determinação da vontade do homem pela lei moral. Ou seja, ao determinar a vontade do homem para a ação, a lei moral determina ao mesmo tempo a liberdade, já que esta

17 *Critique de la raison pratique,* VRIN, p.63

ação, como vimos, é originária de causalidade fenomênica mas por esta não é afetada a não ser por seus efeitos.

> "Or, le concept de la liberté, en tant que la realité en est démontrée par une loi apodictique de la raison pratique, constitue la *clef de voûte* de tout l'édifice d'un système de la raison pure, même de la raison spéculative; et tous les autres concepts (ceux de Dieu et de l'inmortalité) qui, comme simples idées, demeurent en celle-ci sans soutien, s'attachent à ce concept désormais, acquiérent avec lui et par lui consistance et réalité objective, c'est-à-dire que leur *possibilité* est *prouvée* par le fait que la liberté est effective; car cette idée se manifeste par la loi morale."[18] (*Critique de la raison pratique*, VRIN, p 15-6)

Na hipótese de a vontade ser determinada por um objeto do mundo sensível, deixaria ela por isto de ser causa originária e se transformaria em causa condicionada? – Não. Neste caso, diria Kant, não é o caráter da vontade que muda, mas o caráter da ação. A vontade

18 "Ora, o conceito de liberdade, como a realidade o demonstrou por meio de uma lei apodítica da razão prática, constitui a pedra angular de todo o edifício de um sistema da razão pura, e mesmo da razão especulativa; e todos os outros conceitos (o de Deus e da imortalidade) que, como simples ideias, permanecem sem sustentação, se ligam doravante a este conceito, adquirem com ele e por meio dele consistência realidade objetiva, ou seja, sua possibilidade é provada pelo fato de que a liberdade é efetiva; pois esta ideia se manifesta pela lei moral" (*Critica da razão prática*, VRIN, p. 15-6).

continua livre [19], porém aquela agora é uma ação *má*, visto que não foi determinada pelo princípio moral. Portanto, para que o homem, sempre livre, em qualquer situação, possa agir *bem*, sua vontade tem que ser determinada para a ação pela lei moral. O princípio fundamental da moralidade é o que determina o homem a subsumir suas ações à universalidade da lei, cuja fórmula é dada pelo imperativo categórico [20].

Precisamente a esta altura, importa perguntar qual é a condição para o comércio entre este mundo livre e o outro. Ou seja, como se define meu modo de ação no mundo real, sob a condição da lei moral? Mais especificamente, como se dá a relação entre o imperativo categórico (expressão do mundo inteligível, livre) e a máxima da ação, cujo vetor é o mundo encadeado da causalidade?

Kant resolveria estas questões por meio da introdução da função do *juízo prático*.

O juízo *teórico*, sabemos, exige que o entendimento conte com um elemento intermediário para possibilitar a união dos dados da intuição sensível com as suas categorias – são os *esquemas*.

O juízo prático também exige um elemento semelhante para possibilitar a união entre o imperativo categórico e a máxima da ação – são os *tipos*, que Kant chega a denominar de esquemas com o propósito claro

19 "O homem está condenado a ser livre", dirá Sartre em *O ser e o nada*.
20 "Age como se a máxima de tua ação devesse tornar-se, através da tua vontade, uma lei universal".

de estabelecer uma analogia entre ambos [21].

Contudo, diferentemente do esquema teórico (que depende da imaginação e, portanto, da experiência), o tipo prático depende somente do entendimento puro, isto é, não depende da experiência.

> "Il s'ensuit que la loi morale ne dispose d'aucune autre faculté de connaître permettant son application à des objets de la nature que de l'entendement (non de l'imagination), lequel peut soummetre, comme loi pour le jugement, à une idée de la raison, non pas un schéme de la sensibilité, mais une loi, une loi telle toutefois qu'elle puísse être representée *in concreto* dans les objets des sens, par conséquent une loi naturelle, mais seulement quant à sa forme; il s'ensuit que nous pouvons appeller cette loi, le type de la loi morale."[22] (*Critique de la raison pratique*, VRIN, p.82)

Vimos anteriormente como um conceito puro do entendimento – o de causa – pode escapar do território sitiado pela teoria, assumindo uma função prática. O que vemos agora é a libertação do próprio entendimento, que passa para o campo da prática, deixando

21 *Critique de la raison pratique*, VRIN, p. 82

22 "Segue-se que a lei moral não dispõe de nenhuma outra faculdade para conhecer os objetos da natureza que não seja o entendimento (não a imaginação), o qual pode submeter, como lei para o julgamento, a uma ideia da razão, não um esquema da sensibilidade mas uma lei, uma lei tal que possa ser representada *in concreto* nos objetos dos sentidos, consequentemente uma lei natural, mas somente quanto à forma; segue-se que podemos nomear esta lei como tipo da lei moral" (*Crítica da razão prática*, VRIN, p. 82).

para trás as condições do seu funcionamento na esfera teórica.

Também neste campo, o entendimento não pode entrar em crise. Dispensado de seu juramento de fidelidade à experiência, ele pode seguir a razão para onde quer que ela vá.

Em seu uso prático, a função da razão usa conceitos vazios do entendimento para submeter a forma de uma lei natural ao crivo da lei moral. Ela toma um objeto da vontade dado como máxima, isto é, dado como um projeto de ação, e *simula* todas as consequências que poderiam advir da sua efetivação[23]. Caso este objeto não revele nenhuma contradição com as leis naturais (pelo contrário, com elas se compatibilize), essa simulação promove o projeto de ação à condição de *tipo*. Isto é, à condição de elemento possibilitador da aplicação do imperativo categórico (Direito universal) às ações concretas dos homens. Caso contradiga as leis naturais, automaticamente a máxima se desqualifica enquanto lei moral potencial, permanecendo como máxima. Em qualquer hipótese, não cabe nenhuma responsabilidade ao entendimento que entra e sai dos processos sempre puro. A responsabilidade pela concepção de projetos *imorais* caberá sempre à vontade que se deixou determinar por um objeto inadequado.

No domínio da razão prática, o "ir além" é um

23 "Kant e o espaço...", Giannotti in Discurso 10, p 14.

desvio da própria razão prática. Se se pudesse falar numa "dialética" da razão prática, talvez esta consistisse no fanatismo moral, uma espécie de "ir além", de responsabilidade exclusiva desta razão.

> "...le fanatisme moral consiste à aller au-delà des bornes que la raison pratique pose à l'humanité, en interdisant de placer le principe déterminant subjetif d'actions conformes au devoir, c'est-à-dire leur móbile moral, ailleurs que dans la loi elle-même, e l'intention, mise ainsi dans les maximes, ailleurs que dans le respect pour cette loi."[24] (*Critique de la raison pratique*, VRIN, p 98)

Concluindo, o entendimento nunca erra, porque eventuais erros de conhecimento são devidos a uma razão teórica 'dialética', isto é, ilusória. Nem peca, porque o pecado, assim como qualquer espécie de ação, é devido a uma espécie de razão prática 'dialética' (fanática), dada a ir além do que recomenda a simulação das consequências de dada ação por um entendimento formal. Logo, para Kant, isento de erros e pecados, o entendimento não pode entrar em crise. Em crise podem entrar as razões, teórica e prática.

24 "...o fanatismo moral consiste em ir além dos limites que a razão prática estabelece para a humanidade, proibindo-a de colocar o princípio determinante subjetivo de ações conformes ao dever, ou seja seu móvel moral, em outro lugar que não seja na própria lei, e a intenção, colocada nas máximas, em outro lugar que não no respeito a esta lei". (*Crítica da razão prática*, VRIN, p. 98)

## IV

A razão kantiana, em seu uso prático, toma um dado histórico – máxima[25] ou projeto de ação (por exemplo: devo matar meu semelhante) – e o submete a um exame de qualificação, que consiste em compará-lo com outros dados históricos *possíveis*, projetos de ação de sujeitos possíveis. Se este dado revelar total compatibilidade com os outros dados, passa no exame e constitui o *tipo*, elemento que vai possibilitar, digo, fornecer a condição de possibilidade operacional do direito universal veiculado por um imperativo categórico.

A razão weberiana segue aproximadamente o mesmo procedimento. Toma um dado histórico – não mais um projeto de ação mas um ato real (por exemplo: um traço da realidade da espécie *conduta racional*) – e o submete a um exame de qualificação que consiste em compará-lo com outros dados históricos reais – técnica capitalista, direito romano, etc. Se esse dado, combinado com os outros, apresenta uma certa lógica, forma um sistema significativo (Kant diria 'forma de lei'), passa então no exame e constitui o *tipo ideal*. O tipo ideal weberiano, contudo, não tem a função de estabelecer contato entre a esfera do *dever* e a esfera da contingência humana. Ele próprio está

25 Infiro a historicidade da máxima do caráter contingente, relativo ao indivíduo, que Kant lhe atribui.

impregnado desta contingência. Constitui o sentido datado de uma dada região histórica [26].

Exatamente por isto, o entendimento weberiano recupera a dimensão experiencial do entendimento em seu uso prático, contrariamente ao entendimento kantiano que, nem seu uso prático, só opera com conceitos fantasmas, ainda que regulados por ideias morais em um sistema lógico transcendental.

Embora se exerça com base em conceitos 'puros', isto é, sem conteúdos fenomênicos, o 'entendimento' de Kant não pode ser acusado de idealismo, porque, em seu uso prático, ele se dirige a uma história, ainda que encerrada no campo do possível, para construir ideias-tipo que possam receber a chancela da lei universal expressa na lei do imperativo categórico. Diferentemente, o 'entendimento' de Weber opera diretamente sobre os fenômenos históricos, para deles extrair tipos que possam ser aceitos como verdade de uma época. Por exemplo, o tipo 'conduta racional', característica da sociedade capitalista.

Contudo, de volta para casa, no chão duro da história, ele tem que enfrentar a tensão que resulta da relação entre um presente tipificado com matéria passada, e um presente prenhe de eventuais potencialidades criativas de que a história viva está dotada. Pode-se denominar essa tensão de crise do entendimento. Não por este "ir além", arrastado por

26 M.M.-Ponty, *Les aventures de la dialectique*, Gallimard, p. 25.

"impulsos dialéticos" de uma razão qualquer, mas por ficar "aquém", amarrado por um realismo político, que o impede de caminhar rumo à criação de um mundo novo. Ou seja, realismo que o distancia do melhor da dialética marxista, crença na capacidade de ultrapassar, por dentro, as contradições da sociedade capitalista. Mas, curiosamente, talvez possamos ver no entendimento weberiano oportuna crítica (*avant la lettre*) à má dialética hoje vulgarizada, que pretende ultrapassar, por fora e somente no grito, as contradições do capitalismo. Em vão. Quando chegar ao poder, sem entendimento, cego pela distorção milenarista, deixará o caminho aberto à restauração conservadora.■

# 8

# A noção de objeto em Wittgenstein[27]

O pensamento de Ludwig Wittgenstein desenvolve-se em dois momentos: o momento da elaboração do *Tractatus logico-philosophicus* e o momento das *Investigações filosóficas*. Nestas, o filósofo critica as noções de objeto e de lógica, que propôs naquele.

Para o primeiro Wittgenstein, o mundo é constituído pelo conjunto de todos os fatos. Estes fatos, também denominados 'estados de coisas' (*Sachverhalte*), são por sua vez constituídos de 'coisas' (*Sachen*) ou, como serão indiferentemente chamadas, 'objetos' (*Gegenstande, Objekte*).

O objeto pode ser focalizado *em separado* ou *em comunidade*. *Em separado*, o objeto não possui efetividade, mas é condição de possibilidade de tudo o que é efetivo, existente, na realidade, constituindo-se assim em algo que Wittgenstein qualifica de 'Substância' do

27 Ludwig Wittgenstein (1889-1951) foi um filósofo austríaco, radicado na Inglaterra. Lógica, filosofia da linguagem e filosofia da matemática foram os campos em que deu contribuições extraordinárias.

mundo. É em *comunidade* que os objetos configuram-se em fatos, mostrando sua efetividade. Portanto, supõe-se que é somente por análise que se pode chegar à descrição do objeto, o qual mantém com o mundo uma relação de mútua dependência.

Entre os fatos do mundo, Wittgenstein inclui as figurações (*Bilder*) dos próprios fatos, figurações que ele define como 'modelos' da realidade. Tendo em vista que ambas, figuração e realidade, são fatos, deve-se inferir uma distinção entre fatos-realidade e fatos-figuração. Esta distinção (figuração *e* realidade) coloca um problema tão velho quanto a filosofia: o problema da relação entre linguagem e mundo. A teoria da figuração de Wittgenstein vai funcionar no sentido de aproximar as duas coisas.

De acordo com Wittgenstein, podemos nos fazer várias modalidades de figuração da realidade: figuração espacial, temporal, lógica, etc. Dentre as múltiplas modalidades de figuração, o pensamento se destaca como a mais importante delas, devido ao fato de ser efetivado através de uma forma privilegiada: a 'forma lógica'. Diferentemente das outras formas (espacial, colorida, temporal), a forma lógica está presente em todas as modalidades de figuração da realidade, garantindo deste modo a efetiva configuração de uma linguagem. Contudo, para que esta linguagem possa ter assegurada sua relação com o mundo, é necessário afirmar que a forma é não apenas comum a todas as modalidades de figuração, mas também é comum a estas modalidades e ao mundo. Ou seja, a forma lógica de uma figuração da realidade é a mesma forma lógica presente na realidade.

A tese de uma mesmice lógica perpassando a realidade inteira, tanto a afigurada como a figuração desta, é solidária da tese da coordenação entre objetos e elementos de figurações: a) coordenação entre figurações e estados de coisas; e entre os elementos das figurações e os objetos que constituem estes estados de coisas; particularmente, b) coordenação entre proposição e estado de coisas; e entre nome e objeto.

De fato, como conceber uma forma sem elementos formadores e vice-versa? Uma dialética entre o simples e o composto se manifesta em todas as modalidades de figuração da realidade, sob regência da forma lógica. Assim, se entendemos o pensamento de Wittgenstein, uma proposição e um diagrama somente podem 'mostrar', 'presentar', o fato de que o exército está em combate, na exata medida em que os nomes e traços que compõem essas figurações mostrem os objetos configurados no 'estado de coisas-exército em combate', cuja forma lógica reflete-se na proposição diagrama.

No segundo momento do seu pensamento, Wittgenstein vai criticar a concepção de objeto do *Tractatus* exatamente no ponto em que este defende a tese de uma 'Substância simples' que realiza a imbricação entre a linguagem e a realidade. Ou seja, trata-se da crítica da concepção de lógica presente nesta obra.

Esta concepção, segundo Wittgenstein, é a de uma "lógica sublimada", que se caracteriza por estar dissociada da linguagem cotidiana. Somente dentro de tal lógica é possível determinar o sentido de algo como 'Substância simples' e 'forma comum'.

Lógica não sublimada *são lógicas* comandadas por 'jogos de linguagem', no interior dos quais o significado de uma palavra (diríamos melhor seu sentido) é obtido pelo uso que dela fazemos. Assim, o afirmar: "A forma lógica é comum à realidade e à linguagem", pode constituir o lance de um jogo de linguagem particular, o jogo jogado no *Tractatus* com as palavras deste enunciado. Mas este jogo pode não ser o único que utiliza estas palavras. Pode haver um jogo em que, diante da palavra "forma", x não tenha que afirmar nada – tenha apenas que prestar continência.

A partir desta concepção, Wittgenstein não pode afirmar que um nome substitui um objeto na proposição. Pois, embora continue tacitamente de acordo com a tese de que o nome somente tem sentido no interior de uma estrutura de signos, ele não reduz esta estrutura à proposição nem admite que os nomes que a integram correspondam a objetos. Em primeiro lugar, porque a estrutura de signos não é determinada univocamente por um 'estado de coisas' completo (que seria sua *Bedeutung*), mas é produto de um fazer, que é determinado por dados costumes e instituições. Em segundo lugar, porque, no interior de um jogo de linguagem, o fazer que produzirá a estrutura (diríamos melhor *teia*) de signos nunca é completamente determinado. Assim, enquanto, no âmbito do *Tractatus*, o nome presente numa dada figuração tem já um valor determinado pelo estado de coisas a ela coordenado, no âmbito das *Investigações*, o nome vale na mesma medida que vale o pontapé inicial de um jogo de futebol ou o primeiro movimento num jogo de xadrez. Em lugar de uma 'forma lógica' predeterminando a situação de apresentação de um objeto, o segundo Wittgenstein concebe jogos de linguagem criados pela cultura, que se limitam a indicar o sentido que levará à construção de uma teia de objetidades práticas.

Embora radicalmente opostas, as concepções de objeto do *Tractatus* e das *Investigações* apresentam (quando consideradas a partir de determinado ângulo) algumas semelhanças. Particularmente notável é o caráter prático-construtivo presente no processo de elaboração teórica mobilizado para franquear acesso ao objeto. Em ambos os textos, o objeto não é um dado empírico constituído, ao qual se tenha acesso através da intuição ou percepção, nem é conceito obtido a partir de conceito. O objeto é elemento de uma realidade essencialmente múltipla que deve ser construída.

A nosso ver, o problema do *Tractatus* (excluída a questão da absolutização lógica denunciada pelas *Investigações*) consiste em pressupor a existência de fatos estruturados, isto é, fatos dotados de uma medida dada, aos quais se pode recorrer a qualquer momento para verificar a verdade dos enunciados relativos a estes fatos. Por isso, apesar de sua 'teoria da exibição' ("*showing theory*"), é possível que o *Tractatus* seja ainda tributário de clássicas filosofias da representação. Ao contrário, as *Investigações* abandonam a pressuposição da presença de objetos reunidos em 'estados de coisas' existentes, para sugerir a noção de objetidades práticas. As noções de 'jogo' e 'praxis', com as quais trabalha, fazem coincidir os processos de elaboração teórica e verificação prática, substituindo a ideia de uma medida constituída da realidade pela noção de um processo constituinte de medida desta mesma realidade. E com isto apontam para a possibilidade de constituição de uma teoria, ou melhor, de teorias de objetos históricos.■

# 9

# 'Lei natural' e economia

No século 17, havia muito que a Igreja Católica perdera o monopólio da autoridade para estabelecer o lugar do 'bem comum', uma ideia que ela sempre colocara bem distante dos suspeitos domínios da '*crematística*' [28]. De fato, surgiam então os precursores dos primeiros 'economistas'. Curioso notar que, dado o fato de que o tema do dinheiro e do lucro fora estigmatizado por séculos de tradição aristotélico-escolástica, esses "economistas", ao escreverem sobre o tema, sentiam-se premidos pela necessidade prévia de jurar ausência de interesse pessoal no assunto. (Daí o apelo generalizado à autoridade da "natureza").

Por trás da diminuição da autoridade da Igreja nas questões do conhecimento em geral havia um amplo e poderoso movimento de renovação filosófico-científica em toda a Europa e, particularmente, na Inglaterra, com o advento do 'empirismo'. No tocante

28 Termo usado por Aristóteles para designar a atividade econômica voltada para a acumulação patológica de dinheiro.

à questão da "economia", o apelo à autoridade científica, em contraposição à da Igreja, passa pela noção de 'lei natural'.

A noção de uma 'lei natural', que conferiria a coisas e ações objetividade e universalidade, remonta a Aristóteles. Como se sabe, o filósofo destaca o caráter 'particular' da 'lei civil', diferente da "lei natural", que possui caráter 'geral'. Entre os estoicos, a noção de 'lei natural' se identificará com a 'lei da razão', sob cujo império estariam todos os seres do universo em condições de absoluta igualdade. Criaturas racionais, os homens habitam a 'cidade de Deus', cidade do racional e do natural, cujas leis devem aplicar-se a todos, igualmente, de forma universal e inelutável. Comunidade universal de fato, o império alexandrino adotará também a concepção de uma lei natural universal como ideal de justiça. Pelas mesmas razões de universalidade político-social de fato, a jurisprudência romana operará uma série de diferenciações jurídicas que desembocarão na noção de uma *jus naturale* que imprimirá um caráter ideal aos objetivos de universalidade prática da *jus gentium*. Em outras palavras, o *jus gentium* objetivava contemplar os elementos universais que constituíam os interesses territoriais do império, em contraposição ao *jus civile*, que contemplava os elementos particulares da sociedade romana. Já o *jus naturale* tendia a transcender as situações objetivas dadas, ao acrescentar à ideia de universalidade a ideia de um suporte antropológico, configurado na ideia de uma natureza humana comum e racional.

Do mundo romano, a noção de lei natural passa para o mundo cristão, onde recebe uma série de determinações destinadas a adaptá-la à doutrina da Igreja. Uma dessas determinações, efetuada pela Patrística, será de certo modo retomada depois por Hugo Grotius. Trata-se da distinção entre uma lei natural 'absoluta', que regula a vida dos homens antes da Queda, e uma lei natural 'relativa', que comanda as ações humanas após a Queda. Posteriormente, Santo Thomas de Aquino definirá quatro espécies de leis: a) lei divina (*lex divina*), que é uma lei positiva, ditada para a humanidade diretamente por Deus nas escrituras; b) lei civil (*lex humana*), ditada pelos membros de uma comunidade a partir de um princípio de origem divina; c) lei eterna (*lex aeterna*), mais abrangente que todas as outras leis positivas, que Deus fez para estabelecer seus propósitos para todas as criaturas; e, finalmente, d) lei natural (*lex naturalis*), que constitui uma espécie de fundamento da lei civil. Descoberta pela faculdade racional dos homens, ela contém os propósitos da Vontade de Deus e a regra da Sua Razão.

Sobre a etapa inicial de desenvolvimento da noção de 'lei natural', cabem duas importantes observações. Primeira: à medida que a cultura jurídica romana se expande na Europa medieval, a vocação prática do direito romano coloca a noção de 'lei natural' diante de situações concretas que tendem a produzir questionamento quanto ao seu caráter pretensamente universal e racional. Segundo: à medida que a Igreja vai sendo forçada a compartilhar o poder político com a sociedade secular, o axioma tomista de subordinação da 'lei natural' (baseada na razão) à 'lei divina' (lei de fé) perde sua força. Como diz Baker:

> "The school ['of natural law', que está surgindo] is thus a rationalistic school, emancipaded from Church; its tendency, we may say, is to subject the Church to Natural Law rather than Natural Law to the Church; and its thinkers seek to determine the nature of the Church, and the proper scheme of its relations to the State, by principles which are themselves independent of the Church. In the second place, the school of Natural Law is not only emancipated from the Scriptures of the Church: it is also emancipated from the ratio scripta of Roman Law."[29] ■

29 A escola ['da lei natural' que está surgindo] é assim uma escola racionalista, emancipada da Igreja; sua tendência, podemos dizer, é subordinar a Igreja à Lei Natural e não a Lei Natural à Igreja; e seus pensadores procuram determinar a natureza da Igreja e até mesmo o esquema de suas relações com o Estado, mediante princípios que são independentes da Igreja. Em segundo lugar, a escola de Lei Natural não é somente emancipada das Escrituras da Igreja: é emancipada da razão escrita da Lei Romana".

10

# As ideias de 'propriedade' e 'estado' em Locke e Hobbes

Tanto Locke como Hobbes, escritores ingleses do século 17, afirmam que enquanto os homens não vivem em 'sociedade', isto é, vivem em um estado que eles denominam 'estado de natureza', suas posses são precárias. Para Locke, neste estado, a 'propriedade', ainda que sob ameaça constante, já existe. Diz ele:

> "...embora [o homem] no estado de natureza tenha tal direito [direito absoluto à posse], a fruição desta é muito incerta e está constantemente exposta à invasão de terceiros, porque sendo todos reis tanto quanto ele (...) e na maior parte pouco observadores da equidade e da justiça, a fruição da propriedade nesse estado é muito insegura, muito arriscada." [30] (p.77) .

Em Hobbes há uma diferença essencial. Sendo o estado de natureza um estado de guerra de todos contra

30 Locke, John, *Segundo tratado sobre o governo*, trad. E. Jacy Monteiro, IBRASA, São Paulo, 1963, p. 77.

todos, não pode existir aí propriedade. Diz ele:

> "Com efeito, onde o Estado não se constituiu, existe, como manifestamos anteriormente, uma situação de guerra perpétua, cada um contra seu vizinho. Portanto, cada coisa pertence a quem a tem e conserva pela força, e esta coisa não é nem propriedade, nem comunidade, mas incerteza". (p.203).

De qualquer modo, o que, para Locke, gera a instabilidade da propriedade e, para Hobbes, a impossibilidade desta, é a igualdade originária em que vivem os homens em um estado de natureza, não reconhecendo, cada um, limites à liberdade que possuem como indivíduos. Consequentemente, o único meio de dar segurança à propriedade é darem todos os homens consentimento para uma limitação das suas liberdades individuais originárias. Como e por que se dá esta limitação, é o que Locke e Hobbes mostram na descrição das suas ideias de estado.

O Estado em Locke é produto do consentimento dos indivíduos em renunciar ao seu poder natural em favor da constituição de um corpo político, cujas funções principais são a feitura e a execução de leis. Não basta que um indivíduo renuncie parcial ou totalmente ao seu poder natural, como no caso de um pacto para constituição de uma sociedade conjugal ou para a formação de uma sociedade entre pais e filhos, por exemplo. Condição fundamental para a constituição da 'sociedade civil', e, portanto, da saída do 'estado de natureza', é a constituição de "um juiz na Terra", ou seja, de um corpo político com autoridade para julgar e punir os atentados contra a propriedade. Diz Locke:

> "...não é qualquer pacto que faz cessar o estado de natureza entre os homens, mas apenas o de concordar, mutuamente e em conjunto, em formar uma comunidade, fundando um corpo político; outras promessas e pactos podem os homens fazer entre si conservando, entretanto, o estado de natureza"[31]

O corpo político, por sua vez, expressando a vontade da maioria, desdobra-se em esferas de poder para fazer leis aplicáveis a todos indiferentemente, porque supostamente refletem as leis naturais, que são leis da Fé e da Razão; zelar pela sua observância; e executar tarefas de governo. Caso não aja assim, abdica o governo da vida em sociedade, da vida em 'estado civil', reingressando no 'estado natural', onde os indivíduos, isoladamente ou associados, não podendo apelar para um 'juiz na Terra', poderão 'apelar aos Céus', ou seja, apelar para a Lei Natural em apoio ao seu direito de rebelião.

Em Hobbes, não existe este caráter consensual na fundação do Estado. Ao contrário, o Estado surge de um pacto de submissão, mediante o qual as vontades de todos os homens são concentradas na pessoa

31 *Idem*, p. 11.

do soberano, que reúne, ao mesmo tempo, o poder de fazer e o poder de executar as leis. Produto da submissão de todos ao poder do soberano, será pelo terror que este poder do Estado se conservará. E, se Hobbes se permite falar em consentimento dos indivíduos, este só pode ser entendido como a aceitação de uma situação de fato. Em virtude da paixão básica que move os homens em direção do Estado – o medo – e do caráter impositivo que este apresenta, o consentimento surge como um ato inconsciente e compulsório. Contrariamente, em Locke, dada a essência naturalmente sociável do homem e a estrutura que o filósofo atribui ao 'governo', o consentimento aparece como um ato consciente e espontâneo dos homens.

Em relação ao objetivo principal do Estado, tanto o de Hobbes como o de Locke surgem para garantir a propriedade privada. Com esta diferença: o Estado hobbesiano vai garantir uma propriedade que ele constitui no momento em que é criado; e o Estado lockeano vai garantir uma propriedade que, mesmo sendo incerta, pré-existe no estado de natureza. De fato, afirma Hobbes:

> [Dado que] "(...) antes da constituição do Estado, todas as coisas pertenciam a todos os homens (...) seguese daí que a propriedade [deste ou daquele indivíduo] teve início, a partir do momento em que o Estado teve início...[32]".

32 Hobbes, Thomas, *De Cive, Philosophical Rudiments Corcerning*

A teoria da propriedade de Hobbes é de tal forma dependente da sua teoria do Estado que se torna impossível considerá-la à parte. Em Locke, diferentemente, a teoria da propriedade é peça fundamental da teoria do Estado, mas não se confunde com ela. Possui contornos bem definidos, constituindo-se numa teoria que, até certo ponto, pode ser considerada à parte. Se não, vejamos.

A determinação da propriedade pelo trabalho é uma tese obstinadamente afirmada e reafirmada por Locke no 5° Capítulo do *"Segundo Tratado sobre o Governo"*. Ao retirar da Natureza um bem qualquer, mediante seu trabalho, o homem dá início à propriedade. Diz Locke: "...é a tomada de qualquer parte do que é comum, com a remoção para fora do estado em que a natureza o deixou, que dá início à propriedade[33]".

Pode-se dizer que o trabalho aparece como o ato legitimador da apropriação individual daqueles bens que originariamente pertenciam comunitariamente a todos os homens. A repercussão desta tese não se limitou à teoria política de Locke: alcançou os chamados 'economistas clássicos' e chegou ao seu grande crítico, Karl Marx. Vejamos, pois, mais alguns protocolos extraídos do texto citado.

*Government and Society*, Capítulo VI, parágrafo XV, Printed by J.C. for Royston, at the Angel in Ivie-Lane, London, 1651.

33 Locke, John, *Segundo tratado sobre o governo*, trad. E. Jacy Monteiro, IBRASA, São Paulo, 1963, p. 21.

"O trabalho que era meu, retirando-os [os bens naturais] do estado comum em que se encontravam, fixou a minha propriedade sobre eles (...) Assim esta lei da razão torna o veado propriedade do índio que o matou; permite-se que pertençam os bens àquele que lhes dedicou o próprio trabalho, embora anteriormente fossem direito comum a todos. E entre os que se consideram a parte civilizada da Humanidade, que fizeram e multiplicaram leis positivas para a determinação da propriedade, ainda vigora esta lei original na natureza, para o início da propriedade do que antes era comum; e em virtude dessa lei, o peixe que alguém apanha no oceano, este grande comum da Humanidade que ainda resta, ou o âmbar que qualquer um dele recolhe, tornam-se propriedade daquele que sempre teve o trabalho de apanhá-los, pelo esforço que os retira daquele estado comum em que a natureza os deixou. E mesmo entre nós, a lebre que qualquer um está caçando julga-se daquele que a persegue durante a caçada; visto como, sendo animal que ainda se considera comum sem ser propriedade de um indivíduo particular, quem quer que empregou tanto trabalho para descobrir e perseguir um animal destes retirou-o, por essa maneira, do estado de natureza em que era comum, tornando-o propriedade particular (p. 21-2)".[34]

Na fórmula famosa do parágrafo 40 do *Segundo Tratado*, sentencia Locke: "...é na realidade o trabalho que cria diferença de valor em tudo quanto existe"

34 *Idem., ibidem*, p. 27.

(*tis Labour indeed that puts the difference of value on every thing*).

Consideremos agora a tese do filósofo sobre a limitação do direito de propriedade tal como é inicialmente estabelecida. Locke dirá que, embora um homem possa apropriar-se, mediante seu trabalho, de tudo quanto a natureza lhe oferece, essa apropriação tem um limite. E este limite é o uso vantajoso que o indivíduo possa fazer do bem apropriado. Diz ele:

> "Deus nos deu tudo ricamente (I Tim. VI, 17), é a voz da razão confirmada pela inspiração. Mas até que ponto nos deu? Para gozar. Tanto quanto qualquer um pode usar com qualquer vantagem para a vida antes que se estrague, em tanto pode fixar uma propriedade pelo próprio trabalho; o excedente ultrapassa a parte que lhe cabe e pertence a terceiros. Deus nada fez para o homem estragar e destruir". [35]

Neste ponto, um "socialista" mais afoito poderia pensar que está diante de um precursor do seu estado igualitário. De fato, ele poderia perguntar: as teses lockeanas da legitimação e limitação da propriedade pelo trabalho não resultariam na máxima "*A cada um na medida do seu trabalho, segundo suas necessidades*"? Se bem que tenha merecido o respeito de igualitaristas como Rousseau e Karl Marx, Locke só poderá ser visto como um campeão do igualita-

35 *Idem, ibidem*, p. 22.

rismo por um socialista ansioso, se este se limitar ao que o filósofo escreveu nos primeiros vinte parágrafos do Capítulo 5 do *Segundo Tratado*, intitulado *Da Propriedade*. Na sequência do texto, Locke vai mostrar que foi, isto sim, um campeão da iniciativa privada. O que não significa dizer que seu pensamento deixa de exibir um caráter revolucionário, já que no seu tempo a burguesia era revolucionária.

Nosso hipotético socialista talvez pensasse assim; ao admitirmos que a medida legitimadora da propriedade em Locke, na figura do trabalho, é uma medida igualitária, temos que admitir que o Estado que se funda a partir da ideia de proteção desta propriedade é um Estado igualitário.

Entretanto, a leitura a partir da qual elaboramos esta hipótese é uma leitura propositadamente parcial, cuja finalidade é dar-nos a oportunidade de ressaltar o contrário, ou seja, quão afinado estava Locke com os ideais de liberdade e progresso material da iniciativa privada nascente. Para isto, não necessitamos mais do que acrescentar algumas notas à compreensão da ideia de propriedade e de seu limite, enunciada acima com parcialidade.

Se bem que pareça fundar a propriedade no trabalho, o que Locke faz, na realidade, é fundá-la na liberdade individual. O trabalho determina, fixa a

propriedade, mas ele próprio é já propriedade do indivíduo. Isto é, aquilo em que eu junto meu trabalho é meu, porque o meu corpo, do qual deriva o meu trabalho, é propriedade minha. Portanto, a ideia de propriedade precede a propriedade propriamente dita. A propriedade como bem material deriva de um movimento que se inicia como propriedade (posse) do homem sobre sua própria pessoa, ou seja, tem origem na sua liberdade; depois, sequencialmente, aparece como propriedade do trabalho, dos animais da floresta, dos frutos da terra e, finalmente, da própria terra. Fica então evidente que a propriedade é para Locke, antes de tudo, uma categoria moral, na medida em que, na sua forma pura, coincide com a ideia de liberdade individual. (Ainda hoje se diz que ser livre é ser dono do próprio nariz!). Esta ideia fica mais clara quando Locke estabelece uma distinção explícita entre matéria e forma de propriedade. Diz ele: "Sendo agora, contudo a principal matéria da propriedade..." [36]

Ora, o que se verifica é que a matéria primordial da propriedade é o próprio corpo do indivíduo juntamente com o trabalho que é capaz de produzir:

> "Embora a terra e todas as criaturas inferiores sejam comuns a todos os homens, cada homem tem uma propriedade em sua própria pessoa; a esta ninguém tem qualquer direito senão ele mesmo. O trabalho do seu corpo e a obra de suas mãos, pode-se dizer, são propriamente dele [37]"

36 *Idem, ibidem*, p. 22.
37 *Idem, ibidem*, p. 20.

Portanto, a forma e o fundamento da propriedade individual, ignorada a questão dos meios de fixá-la, só pode ser o próprio indivíduo e não o trabalho, como à primeira vista pode parecer. Este indivíduo, por outro lado, é matéria da forma divina de propriedade: "... todos os homens (...) são propriedade d´Aquele que os fez..." [38]

O trabalho em Locke é ambivalente, mas não no sentido que acabamos de mostrar: determinante de e determinado pela propriedade, ao mesmo tempo. Se o nosso "socialista" imaginário quisesse, num momento de ansiedade maior, fazer a crítica da ilusão de um Estado lockeano igualitário através de um ataque cego a essa espécie de ambivalência, estaria perdido. Todas as forças da reação se ergueriam dos respectivos túmulos, onde sempre custam a se acomodar, e sobre tal ambiguidade lhe diriam em tom cavernoso e solene: "Ó vil materialista, como podes ignorar que por detrás do trabalho está o homem...o HOMEM, seja qual for a ideia que se tenha deste trabalho?"

A ambivalência da noção lockeana de trabalho reside em outro ponto. Reside no próprio caráter do trabalho. Locke vê a importância assumida pelo trabalho humano, numa época de vertiginoso desabrochar de forças produtivas, mas não leva em conta o caráter deste trabalho. Ou seja, em vez do trabalho social, fruto da extrema divisão do trabalho então

38 *Idem, ibidem*, p. 7.

em curso, ele destaca o trabalho individual. Era como se os seus olhos estivessem fixos no mundo capitalista que emergia, e o seu coração, voltado para uma realidade feudal, pré-manufatureira ainda. Se tivesse enxergado o caráter social do trabalho do seu tempo, onde o elemento definidor havia muito tinha deixado de ser o indivíduo solitário colhendo um fruto ou flexando um porco ou cultivando seu exclusivo pé-de-couve, mas sim um conjunto de indivíduos dividindo trabalho dentro de oficinas e corporações, se tivesse enxergado isso, Locke teria sido levado a ver a forma, o fundamento primordial do trabalho (e, consequentemente, de toda propriedade) não num indivíduo isolado, num Robinson Crusoé como diria Marx, mas na sociedade enquanto coletividade. Se pensasse assim, nosso socialista imaginário talvez fizesse ao humanismo lockeano a mesma crítica que Marx fez em sua época ao humanismo idealista nas famosas '*Teses sobre Feuerbach*'.

Desnecessário dizer, não se trata de exigir de Locke algo que mesmo nos dias de hoje, passados mais de trezentos anos, não é reconhecido universalmente, ou seja, a fundamentação coletiva da propriedade via trabalho. É apenas destacar um dos aspectos do conceito lockeano que Macpherson chama de 'individualismo possessivo'. O outro aspecto diz respeito à questão do limite da propriedade ou do direito à propriedade.

Como vimos, Locke afirma que "Deus nada fez para o homem estragar e destruir" e que cada um pode ter tudo quanto possa "usar com qualquer vantagem para a vida antes que se estrague". Mas este "tudo" que o homem pode ter não se restringe aos bens de subsistência, como nossa citação sugere e nós propositadamente demos a entender. No parágrafo 46 da obra citada, Locke soluciona este problema, ao mesmo tempo em que afasta toda quimera igualitarista, ao situar o limite da propriedade não na quantidade ou qualidade dos bens que o indivíduo possa apropriar com seu trabalho, mas na sua capacidade de preservar o valor de uso desses bens. Ou seja, minha propriedade sobre maçãs se limitará a uma unidade, se eu não puder evitar que se estrague a segunda unidade; mas posso estender minha propriedade sobre todo o carvão da Inglaterra, contanto que impeça que este se estrague e para tanto for bastante o meu trabalho. Diz Locke:

> "...se se trocasse as nozes por um bocado de metal, cuja cor lhe agradasse, ou carneiros por conchas ou a lã por uma pedra cintilante ou um diamante, e guardasse esses objetos durante toda a vida não invadiria os direitos de terceiros, poderia acumular qualquer quantidade que quisesse desses objetos duradouros; não se achando o extremo do limite da sua justa propriedade na extensão do que possuía, mas no perecimento de tudo quanto fosse inútil a ela [39]". (p. 31)

Como se poderá verificar, depois de abrir sutil-

39 *Idem, ibidem*, p. 31.

mente o caminho para a transformação do valor de uso em mercadoria, Locke introduzirá nas relações econômicas o dinheiro, equivalente geral, como condição de legitimação da apropriação ilimitada dos bens. Dirá ele: "E assim originou-se o uso do dinheiro, algo de duradouro que os homens pudessem guardar sem estragar-se e, por consentimento mútuo, receber em troca de sustentáculos da vida verdadeiramente úteis mas perecíveis".

Liberdade individual, legitimação da propriedade privada e da acumulação ilimitada de bens, o que mais falta de essencial para justificar a sociedade capitalista? Segundo Macpherson, o direito de levar a própria força de trabalho ao mercado. E este direito, no modelo lockeano, é assegurado pelo direito de propriedade em sentido amplo, um direito natural que abrange, além do direito a bens móveis e imóveis, o direito à liberdade individual, o direito de dispor do próprio corpo e, consequentemente, de tudo que este possa produzir. Para uso próprio ou para colocar à disposição de terceiros mediante contrato, firmado supostamente de livre e espontânea vontade.■

11

# Fichamento: Rousseau e a invenção do Estado[40]

"A invenção *das outras artes foi, pois, necessária para forçar o gênero humano a dedicar-se à arte agrícola. Desde que se tornaram necessários homens para fundir e forjar o ferro, precisou-se de outros para alimentar a estes. Na medida em que se multiplicou o número de trabalhadores, menos mãos houve para atender à subsistência comum, sem que com isso houvesse menos bocas para consumi-la, e, como uns precisaram de comestíveis em troca do ferro, outros por fim encontraram o segredo de empregar o ferro na multiplicação dos comestíveis. Nasceram assim, de um lado, a lavoura e a agricultura e, de outro, a arte de preparar os metais e de multiplicar-lhes o emprego.*"

Da cultura de terras resultou necessariamente a sua partilha e, da propriedade, uma vez reconhecida, as primeiras regras de justiça, pois, para dar a cada

40 Trecho extraído do *Discurso sobre a origem e os fundamentos da desigualdade entre os homens,* escrito pelo genebrino Jean-Jacques Rousseau em 1754.

um o que é seu, é preciso que cada um possua alguma coisa; além disso, começando os homens a alongar suas vistas até o futuro e tendo todos a noção de possuírem algum bem passível de perda, nenhum deixou de temer a represália dos danos que poderia causar a outrem. Essa origem mostra-se ainda mais natural, por ser impossível conceber a ideia da propriedade nascendo de algo que não a mão-de-obra, pois não se compreende como, para apropriar-se de coisas que não produziu, o homem nisso conseguiu pôr mais do que o seu trabalho. Somente o trabalho, dando ao cultivador um direito sobre o produto da terra que ele trabalhou, dá-lhe consequentemente direito sobre a gleba pelo menos até a colheita, assim sendo cada ano; por determinar tal fato uma posse contínua, transforma-se facilmente em propriedade. Quando os antigos, diz Grotius, emprestaram a Ceres o epíteto de legisladora e a uma festa celebrada em sua honra o nome de Tesmoforia, com isso tentaram dar a entender ter a partilha das terras produzido uma nova espécie de direito de propriedade, diverso daquele resultante da lei natural.

Estando as coisas nesse estado, teriam assim continuado, se os talentos fossem iguais e se, por exemplo, o emprego do ferro e a consumação dos alimentos sempre estivessem em exato equilíbrio. Mas a proporção, que nada mantinha, logo se rompeu; os mais fortes realizavam mais trabalho, o mais habilidoso tirava mais partido do seu, o mais engenhoso encontrava meios para abreviar a faina, o lavrador sentia mais necessidade de ferro ou o ferreiro mais necessidade de trigo e, trabalhando igualmente, um ganhava muito enquanto o outro tinha dificuldade de viver. Assim a desigualdade natural insensivelmente se desenvolve junto com a desigualdade de combinação, e as diferenças entre os homens, desenvolvidas pelas diferenças das circunstâncias, se tornam mais sensíveis, mais permanentes em seus efeitos e, em idêntica proporção, começam a influir na sorte dos particulares.

Tendo as coisas chegado a tal ponto, facilmente se imagina o resto. Não me deterei descrevendo a invenção sucessiva das outras artes, o progresso das línguas, o ensaio e o emprego dos talentos, a desigualdade das fortunas, o uso e o abuso das riquezas, nem todos os detalhes complementares que cada qual pode sem esforço imaginar. Limitar-me-ei unicamente a lançar um golpe de vista sobre o gênero humano posto na nova ordem de coisas.

Eis, pois, todas as nossas faculdades desenvolvidas, a memória e a imaginação em ação, o amor-próprio interessado, a razão em atividade, alcançando o espírito quase que o termo da perfectibilidade de que é suscetível. Aí estão todas as qualidades naturais postas em ação, estabelecidos a posição e o destino de cada homem, não somente quanto à quantidade dos bens e o poder de servir ou de ofender, mas também quanto ao espírito, à beleza, à força e à habilidade, quanto aos méritos e aos talentos e, sendo tais qualidades as únicas que poderiam merecer consideração, precisou-se desde logo tê-las ou afetar possuí-las. Para proveito próprio, foi preciso mostrar-se diferente do que na realidade se era. Ser e parecer tornaram-se duas coisas totalmente diferentes. Dessa distinção resultaram o fausto majestoso, a malicia enganadora e todos os vícios que lhes formam o cortejo. Por outro lado, o homem, de livre e independente que antes era, devido a uma multidão de novas necessidades passou a estar sujeito, por assim dizer, a toda a natureza e, sobretudo, a seus semelhantes dos quais num certo sentido se torna escravo, mesmo quando se torna senhor: rico, tem necessidade de seus serviços; pobre, precisa de seu socorro, e a mediocridade não o coloca em situação de viver sem eles. É preciso, pois, que incessantemente procure interessá-los pelo seu destino e fazer com que achem, real ou aparentemente, residir o lucro deles em trabalharem para o seu próprio. Isso faz com que seja falso e artificioso para com uns, e, para com outros, imperativo e duro, e o coloca na contingência de iludir a todos aqueles de que necessita, quando não pode fazer-se temer por eles ou não considera de seu interesse ser-lhes útil. Por fim, a ambição devoradora, o ardor de elevar sua fortuna relativa, menos por verdadeira necessidade do que para colocar-se acima dos outros, inspira a todos os homens uma negra tendência a prejudicarem-se mutuamente, uma inveja secreta tanto mais perigosa quanto, para dar seu golpe com maior segurança, frequentemente usa a máscara da bondade; em uma palavra, há, de um lado, concorrência e rivalidade, de outro, oposição de interesses e, de ambos, o desejo oculto de alcançar lucros a expensas de outrem. Todos esses males constituem o primeiro efeito da propriedade e o cortejo inseparável da desigualdade nascente.

Antes que se tivessem inventado os sinais representativos das riquezas, elas só podiam consistir em propriedades e animais, os únicos bens reais que os homens podiam possuir. Ora, quando as heranças cresceram em número e em extensão, a ponto de cobrir todo o solo, e tocaram-se umas as outras, uns só puderam prosperar a expensas dos outros, e os supranumerários, que a fraqueza ou a indolência tinham impedido por seu turno de as adquirir, tendo se tornado pobres sem nada ter perdido, porque, tudo mudando a sua volta, somente eles não mudaram, viram-se obrigados a receber ou roubar sua subsistência da mão dos ricos. Daí começaram a nascer, segundo os vários caracteres de uns e de outros, a dominação e a servidão, ou a violência e os roubos. Os ricos, de sua parte, nem bem experimentaram o prazer de dominar, logo desdenharam todos os outros e, utilizando seus antigos escravos para submeter outros, só pensaram em subjugar e dominar seus vizinhos, como aqueles lobos famintos que, uma vez comendo carne humana, recusam qualquer outro alimento e só querem devorar homens.

Assim, os mais poderosos ou os mais miseráveis, fazendo de suas forças ou de suas necessidades uma espécie de direito ao bem alheio, equivalente, segundo eles, ao de propriedade, seguiu-se à rompida igualdade a pior desordem; assim as usurpações dos ricos, as extorsões dos pobres, as paixões desenfreadas de todos, abafando a piedade natural e a voz ainda fraca da justiça, tornaram os homens avaros, ambiciosos e maus. Ergueu-se entre o direito do mais forte e o do primeiro ocupante um conflito perpétuo que terminava em combates e assassinatos. A sociedade nascente foi colocada no mais tremendo estado de guerra; o gênero humano, aviltado e desolado, não podendo mais voltar sobre seus passos nem renunciar às aquisições infelizes que realizara, ficou às portas da ruína por não trabalhar senão para sua vergonha, abusando das faculdades que o dignificam.

*Attonitus novitate mali, divesque, miserque*
*Effugere optat opes, et quae modo voverat odit*

Ovídio, *Metamorfoses, XI, v.127*

Não é possível que os homens não tenham, afinal, refletido sobre tão miserável situação e as calamidades que os afligiam. Os ricos, sobretudo, com certeza logo perceberam quanto lhes era desvantajosa uma guerra perpétua cujos gastos só eles pagavam e na qual tanto o risco da sua vida como o dos bens particulares eram comuns. Aliás, qualquer que fosse a interpretação que pudessem dar às suas usurpações, sabiam muito bem estarem estas apoiadas unicamente num direito precário e abusivo e que, tendo sido adquiridas apenas pela força, esta mesma poder-lhes-ia arrebatá-las sem que pudessem lamentar-se. Os enriquecidos só pela indústria não podiam basear sua propriedade em melhores títulos. Por mais que dissessem: "Fui eu quem construiu este muro; ganhei este terreno com meu trabalho", outros poderiam responder-lhes: "Quem vos deu as demarcações, por que razão pretendeis ser pagos a nossas expensas, de um trabalho que não vos impusemos? Ignorais que uma multidão de vossos irmãos perece e sofre a necessidade do que tendes a mais e que vos seria necessário um consentimento expresso e unânime do gênero humano para que, da subsistência comum, vos apropriásseis de quanto ultrapassasse a vossa? "Destituído de razões legitimas para justificar-se e de forças suficientes para defender-se, esmagando com facilidade um particular, mas sendo ele próprio esmagado por grupos de bandidos, sozinho contra todos e não podendo, dados os ciúmes mútuos, unir-se com seus iguais contra os inimigos unidos pela esperança comum da pilhagem, o rico, forçado pela necessidade, acabou concebendo o projeto que foi o mais excogitado que até então passou pelo espírito humano. Tal projeto consistiu em empregar em seu favor as próprias forças daqueles que o atacavam, fazer de seus adversários seus defensores, inspirar-lhes outras máximas e dar-lhes outras instituições que lhe fossem tão favoráveis quanto lhe era contrário o direito natural.

Com esse desígnio, depois de expor a seus vizinhos o horror de uma situação que os armava, a todos, uns contra os outros, que lhes tornava as posses tão onerosas quanto o eram suas necessidades, e na qual ninguém encontrava a segurança, fosse na pobreza ou na riqueza, inventou facilmente razões especiosas para fazer com que aceitassem seu objetivo: "Unamo-nos", disse-lhes, "para defender os fracos da opressão, conter os ambiciosos e assegurar a cada um a posse daquilo que lhe pertence; instituamos regulamentos de justiça e de paz, aos quais todos sejam obrigados a conformar-se, que não abram exceção para ninguém e que, submetendo igualmente a deveres mútuos o poderoso e o fraco, reparem de certo modo os caprichos da fortuna. Em uma palavra, em lugar de voltar nossas forças contra nós mesmos, reunamo-nos num poder supremo que nos governe segundo sábias leis, que protejam e defendam todos os membros da associação, expulsem os inimigos comuns e nos mantenham em concórdia eterna".

Fora preciso muito menos do que o equivalente desse discurso para arrastar homens grosseiros, fáceis de seduzir, que aliás tinham questões para deslindar entre si, que não podiam dispensar árbitros e possuíam demasiada ambição para poder por muito tempo dispensar os senhores. Todos correram ao encontro de seus grilhões, crendo assegurar sua liberdade, pois, com muita razão, reconhecendo as vantagens de um estabelecimento político, não contavam com a suficiente experiência para prever-lhe os perigos: os mais capazes de pressentir os abusos eram precisamente aqueles que contavam aproveitar-se deles, e até os prudentes compreenderam a necessidade de resolverem-se a sacrificar parte de sua liberdade para conservar a do outro, como um ferido manda cortar um braço para salvar o resto do corpo.

Tal foi ou deve ter sido a origem da sociedade e das leis, que deram novos entraves ao fraco e novas forças ao rico, destruíram irremediavelmente a liberdade natural, fixaram para sempre a lei da propriedade e da desigualdade, fizeram de uma usurpação sagaz um direito irrevogável e, para lucro de alguns ambiciosos, daí por diante sujeitaram todo o gênero humano ao trabalho, à servidão e à miséria.■

12

# Ideias de David Hume sobre limitação da liberdade de imprensa[41]

O conceito de liberdade de imprensa de Hume apesenta, à luz do conceito de necessidade da sua filosofia, um limite originário. De fato, a doutrina da necessidade de Hume abrange o vasto domínio dos fatos (*facts*). Haverá sempre uma relação necessária entre um movimento atual e um movimento anterior da matéria. Diz Hume:

> "Admite-se universalmente que a matéria é atuada em todas as suas operações por uma força necessária e que todo efeito natural é determinado com tal precisão pela energia da sua causa, que, nas mesmas circunstâncias dadas, não seria possível resultar dela nenhum outro efeito."[42]

Essa tese não era nova, era uma tese newtoniana. A novidade é o fato de Hume ter incluído, do domínio

41 David Hume (1711-1776), filósofo escocês, empirista e cético.
42 Hume, *David, Investigação sobre o entendimento humano*, Abril Cultural, Os Pensadores, p. 168

dos seus 'fatos', além dos movimentos da matéria, 'os motivos e as ações voluntárias' dos homens.[43] Mas o curioso é que Hume não inclui as ações voluntárias e as operações do espírito no reino da necessidade, por estas serem fatos; ao contrário, no capítulo citado, ele as inclui no domínio dos fatos por estarem também submetidas a um regime de necessidade[44]. Assim, nos movimentos da matéria, a ideia de necessidade deriva de três circunstâncias: 1) uniformidade nas operações da natureza; 2) conjunção de objetos semelhantes; e 3) inferência de um objeto ao outro, resultante da conjunção. Ora, diria Hume, essas três circunstâncias são também dadas em relação às 'ações humanas voluntárias e às operações do espírito'. Há aí uniformidade, conjunção e inferência; logo, fazem elas igualmente parte do reino da necessidade, e os raciocínios sobre elas, como os raciocínios sobre os fatos em geral, devem apresentar relações de causa e efeito[45]. Nesse sentido amplo, não pode haver nenhum "ato livre". Todo evento, consista no deslocamento

43 *Idem, ibidem*, p. 171, parágrafo 69.

44 A 'necessidade' para Hume não é um conceito *a priori*. Hume é um empirista. Não existe nenhuma necessidade objetiva *a priori* na afirmação de que o Sol nasce pela manhã e se põe ao fim da tarde. Esta necessidade é subjetiva, derivada da experiência habitual que temos do fenômeno. Modernamente, diríamos: trata-se de uma *regularidade*, não de uma *lei*.

45 Não é outra a crença dos estados-maiores das nossas empresas nos modernos institutos de pesquisa. Não sem alguma razão acreditam poder conhecer os movimentos futuros dos mercados consumidores a partir dos seus movimentos atuais!

de um corpo ou na emissão de um juízo, deve estar vinculado a outro evento (ao movimento anterior de um outro corpo ou a um "motivo"). Crença contrária deve-se à 'aparência', explica Hume:

> "O vulgo, que aceita as coisas como lhe parecem à primeira vista, atribui a incerteza dos acontecimentos a uma incerteza das causas, que por vezes rouba a estas a sua influência habitual, embora nada se oponha à sua operação. Mas os filósofos, observando que em quase toda parte, na natureza, existe uma grande variedade de móbeis e princípios, que não percebemos por causa do afastamento ou das proporções diminutas, concluem pela possibilidade de que os acontecimentos contrários não procedam de qualquer contingência na causa, mas na operação secreta de causas contrárias." [46]

Sobre as ações humanas voluntárias, diz em uma nota:

> "E parece certo que, por mais que imaginemos sentir uma liberdade em nós mesmos, um espectador pode em geral inferir de nossos motivos e caráter as ações que praticaremos; e, mesmo que não possa, conclui em geral que isso seria factível se ele conhecesse perfeitamente todas as circunstâncias de nossa situação e temperamento, as molas mais secretas de nossa índole e disposição. Ora, essa é a própria essência da necessidade (...)."[47]

46 *Idem, ibidem*, p. 170.
47 *Idem, ibidem*, Nota da p. 171.

Portanto, a liberdade humeana, derivada da sua doutrina da necessidade, é, originalmente uma liberdade limitada. E, embora a liberdade seja percebida pelo sujeito como "poder de agir ou não agir segundo as determinações da vontade", essa aparência de incondicionalidade da ação não a livra do reino da necessidade. Quer ele esteja diante de um fato material ou de uma ação humana, de qualquer modo está diante de algo irremediavelmente enredado em uma cadeia de causas e efeitos.

A liberdade de imprensa, como um caso particular da liberdade em geral, é também condicional, limitada. Um cidadão pode dizer e escrever ou não dizer ou escrever isto ou aquilo; contudo, qualquer das atitudes que adote não é livre; está ligada, fatalmente, a um conjunto de circunstâncias determinadas que a "explicam". Nesse sentido, não se pode dizer que "é necessário limitar a liberdade de imprensa", pois esta já é, originariamente, limitada. E a afirmação de Hume de que existe uma liberdade ilimitada de imprensa, na Inglaterra do seu tempo, só pode referir-se a uma suposta condição geral de ausência de suficiente coerção sobre todos os indivíduos, inclusive os jornalistas. Mas isto não significa que as ações determinadas por suas vontades não enredem estas indiretamente numa cadeia de causas e efeitos. Do ponto de vista moral ou político, essa liberdade ilimitada pode em princípio ser boa ou má. E Hume deixa entrever a opinião de que num regime democrático ela tende a provocar males[48], embora estes sejam compensados pela função imprescindível que a liberdade de imprensa cumpre para o equilíbrio da vida social e política. Diz Hume:

> "O entusiasmo do povo precisa ser frequentemente instigado, a fim de refrear as ambições da corte; e o medo de que esse entusiasmo seja instigado precisa ser usado para evitar ambições. Nada contribui tanto para este fim como a liberdade de imprensa, graças à qual é possível usar todo o saber, inteligência e gênio da nação em favor da liberdade, e exortar todos a defendê-la." [49]

Para os males que a liberdade ilimitada dos indivíduos pode provocar à vida social, o remédio é a coerção pelo Estado. Mas esta não deve consistir na violência pura e simples. Hume acredita num outro tipo de coerção, aquela que deriva do poder disciplinador das instituições.

> "Tão grande é a força das leis e das formas particulares de governo e tão pouco dependem das inclinações e temperamento dos homens, que às vezes podem deduzir-se delas consequências quase tão gerais e certas como qualquer das que a Matemática nos assegura." [50]

48 Hume, David, *Op. cit.*, *Ensaios morais, políticos e literários – Da liberdade de imprensa*, p. 264: "Deve-se, todavia, conceder que a ilimitada liberdade de imprensa, embora seja difícil e, talvez, impossível propor para ela um remédio adequado, é um dos males a que estão sujeitas essas formas mistas de governo."

49 *Idem, ibidem.*

50 David Hume, *Ensaios políticos*, trad. E. Jacy Monteiro, IBRASA, SP, 1965, p. 13.

De fato, manifestando desconfiança sobre a eficácia da violência pura e simples, observa ele em relação à violência empregada contra as seitas religiosas:

> "Verificou-se, todavia, mediante fatal experiência, e depois de se terem derramado oceanos de sangue, nas disputas teológicas, que o mal era de natureza peculiar, sendo não somente inflamado pela aplicação de remédios violentos, mas difundido mais rapidamente por toda a parte na sociedade." [51]

Assim, partindo da crença na "força das leis e das formas particulares de governo", em vez de se preocupar em inventar expedientes para fiscalizar o que se vai dizer ou escrever, Hume preocupa-se em prevenir os efeitos nocivos do que possa ser dito ou escrito, recorrendo a ajustes nas próprias instituições. Com efeito, se as instituições são más,

> "Então não tem razão de se ter tão extraordinário zelo e apreensão com relação a mudanças quaisquer, e qualquer um não se deve mostrar mais ansioso neste caso do que o marido que, tendo ido buscar mulher em um lupanar, se preocupe em vigiá-la para impedir-lhe a infidelidade."[52]

De fato, o que Hume quis dizer é que não havia por que se surpreender com os males provocados pela

51 *Idem, ibidem*, p. 10.
52 *Idem, ibidem*, p. 22.

liberdade de imprensa ilimitada da Inglaterra do seu tempo. Dado que essa liberdade era necessária e imprescindível para o bom funcionamento da sociedade, o certo a fazer era propor um acerto institucional, que mantivesse o povo o mais fragmentado possível. Sendo dividido em pequenos corpos estanques, o povo, aí incluída a imprensa, poderia fazer uso ilimitado da liberdade de pensar e discutir, pois nenhum mal daí resultaria. Diz Hume sobre a organização ideal para um estado livre no seu tempo[53]:

> "Aqui, portanto, reside um inconveniente que nenhum governo até agora pôde remediar, mas que é o mais fácil de remediar-se no mundo. Se o povo discute, tudo é confusão. Se não discute, só pode resolver, e então o Senado resolve por ele. Divida-se o povo em muitos corpos separados e depois estes poderão com segurança discutir, e qualquer inconveniente ficará sanado."

É curioso notar que quase três séculos depois desse discurso, a ditadura civil-militar brasileira de 1964 inseriu em sua Lei de Segurança Nacional este método de seccionar o corpo social, retirando do povo o direito de livre associação: reuniões com mais de 5 pessoas, que não se enquadrassem em uma das modalidades de reunião explicitamente descritas pela ditadura, eram reprimidas. Mas evidentemente os momentos históricos são incomparáveis. Sob o nome de 'povo',

53 *Idem, ibidem*, p. 150.

abrigava-se, na Inglaterra dos séculos XVII e XVIII, uma categoria social muito diferente do povo de hoje; 'povo' era a burguesia nascente de baixo, os artesãos e os trabalhadores (*labourers*), pessoas que, ainda que limitadamente, podiam votar e ser votadas: uma minoria extrema. Portanto, a real oposição era a da burguesia ao antigo regime. Quanto ao "povão" (*poors*), cabia ainda, em grande parte, às igrejas controlar delas a língua e as rebeldias. Importante observar, as regras de limitação não se chocavam com a Constituição, eram efetivamente legais. Na nossa realidade, o nome 'povo' é reivindicado por todos, implica muitas vezes o desejo autêntico ou cínico de se proteger com um signo que rescende fraternidade. Julga-se *povo*, ou seja, alguém pertencente ao grande bloco de irmãos, tanto o rico como o pobre. Mas os pobres costumam se outorgar ou receber dos que se sentem melhores um elogioso aumentativo: "povão". De qualquer modo, destaco o fato de que o povo, grande maioria de ontem e de hoje, vive relação tensa com os poderes constituídos. E estes, de ontem e de hoje, se veem tentados a quebrar esse bloco, dividi-los, como forma de contenção dos seus ânimos, nem sempre pacíficos.

O filósofo Paulo Arantes não está interessado nesse tipo de gênese histórica do processo de exclusão política e social; para ele, o que importa mesmo é destacar o estatuto lógico do sistema capitalista, que permeia, desde sempre, todas as figuras de exclusão social. Diz ele:

"As denominações variam conforme as respectivas tradições jurídicas nacionais e a hora política: estado de sítio, exceção, urgência, emergência, lei marcial, etc. Para o diagnóstico de época que nos interessa, não é preciso recuar até a Razão de Estado Absolutista, em nome da qual as novas soberanias que se constituíam na Europa estavam autorizadas a cometer todo tipo de transgressão do direito, da moral, etc. Em meados do século XIX, a violação da Constituição tornara-se a razão de ser da própria Constituição garantidora da ordem mercantil emergente, volta e meia ameaçada pela desordem sediciosa das novas classes perigosas porque laboriosas.(...) quando a luta de classes finalmente arrancou do capital as constituições sociais de compromisso, deixava de ser uma evidência que a ordem constitucional era a melhor garantia do mercado, passando o estado de exceção a ser decretado quase que em permanência, culminando no abismo fascista: tratava-se da salvaguarda do próprio capitalismo." [54]

Importante notar que, ao lado de transgressões abertas da ordem constitucional – tornadas inevitáveis pelo avanço da constitucionalização dos direitos sociais, arrancada pela luta de classes –, existem as transgressões encobertas, amparadas por 'regimes de regras', que se substituem ao 'regime das leis". Como diz Arantes, *para quem ousa pôr as manguinhas de fora, existe uma floresta legislativa para enquadrar todo mundo*. Ao explicar o motivo pelo qual uma

54 Arantes, Paulo, *O novo tempo do mundo*, Boitempo Editorial, SP, 2014, p. 317.

minoria rica no Brasil consegue manter por décadas e de forma contínua uma apropriação absurdamente desproporcional das riquezas nacionais, Pedro Ferreira de Souza toca neste ponto[55], chamando a atenção para o fato de que é inumerável a quantidade de regulamentos, decretos, atos administrativos e pequenas leis aprovadas ao arrepio da lei, que autorizam tal apropriação. Tudo legal. Como legais, chanceladas pelo poder judiciário e pela brava imprensa livre do Brasil, foram as intervenções de 1964, 2016 e 2018, assim como a violência policial que se abate sobre os pobres. Aqui e no resto do mundo.■

55 Souza, Pedro Ferreira, *Uma história de desigualdade – a concentração de renda entre os ricos no Brasil (1926-2013)*, Hucitec Editora, Anpocs, SP, 2018

*Parte II*

# Sobre a História da Ciência

I

# Origens do pensamento científico

## I.1 A reflexão "ingênua" dos homens pré-históricos

Os esqueletos hominídeos fossilizados mais antigos indicam a presença do homem na Terra desde pelo menos 1.000.000 de anos atrás. Mas isto não significa que se tenham descoberto *provas materiais de manifestação de pensamento humano* desde então. Tais provas só foram encontradas em um espaço de tempo que não ultrapassa os 50.000 anos anteriores à nossa era. (Coincidentemente, no final do ano de 2017, noticiou-se que cientistas acabavam de descobrir, em sítio arqueológico localizado no Estado de Mato Grosso, objetos de pedra lascada seguramente feitos pela mão do homem. Eram objetos, cuja idade, cientificamente comprovada, girava em torno dos 27.000 anos!)

• Convencionou-se denominar *Período pré-histórico* o que se estende da origem do homem na terra até cerca do ano 4.000 a.C., quando este inventa a escrita.

E, consequentemente, tem início do *Período histórico*. No período anterior, *pré-histórico*, o homem manifesta uma modalidade de reflexão, que se poderia chamar de *reflexão ingênua*, em contraposição à *reflexão crítica* que passa a se manifestar no período histórico. Porém, neste caso, constituiria erro tomar o termo 'ingênuo' como sinônimo de pouco inteligente ou ineficaz. A reflexão humana que se manifesta no período pré-histórico é exercida sempre em relação dialética com problemas vitais de sobrevivência que os homens pré-históricos têm que enfrentar. Portanto a principal característica da reflexão ingênua não é o fato de ser pobre, mas o de estar voltada primordialmente para a solução de problemas "técnicos" relacionados à luta pela sobrevivência num mundo extremamente hostil. E evolui lentamente, como revelam os estudiosos. De qualquer modo, foi esta "reflexão prática" que lançou as bases, ou melhor, marcou a origem de uma série de ciências que hoje cultivamos, tais como a zoologia, a botânica, a geologia, a mineralogia, a medicina e a astronomia; e também a origem das artes e das religiões.

• Como dissemos, *as provas materiais deste tipo de reflexão*, encontradas em várias partes do planeta, referem-se a um lapso de tempo que não deve ultrapassar os últimos 50.000 anos. São instrumentos vários (de pedra, depois de metal), que incluem armas, ferramentas, objetos de arte, fósseis agrícolas, assim como sepulturas, esculturas e monumentos.

• O método da 'reflexão ingênua' compreende

a prática de uma *observação aguda, associada a raciocínios do tipo indutivo-analógico derivado de "experimentações"*. Pensemos somente nos "atos de coragem" que antecederam as incontáveis experiências que o homem pré-histórico teve que fazer para discriminar os vegetais comestíveis dos venenosos. De fato, já naquela época havia "cientistas" que se tornavam voluntariamente cobaias de experimentos perigosos, tal como, modernamente, no século 20, Madame Curie viria a fazer com o *radium*!)

## I.2 Reflexão religiosa

### *I.2.1 Religião natural*

- Nasce da tendência do homem primitivo a atribuir a fenômenos naturais, tais como trovões, erupções vulcânicas e maremotos sentimentos e valores que são próprios do homem. Desse modo, supondo a existência de entidades poderosíssimas (deuses), cujas vontades comandariam os grandes fenômenos naturais, o homem primitivo tenta controlar estes fenômenos, que ele supõe sejam manifestações de ira dessas entidades, através de oferendas, rituais e cultos. Entidades poderosas estariam também por detrás de comportamentos agressivos de alguns animais especiais com os quais o homem mantinha relações regidas por sentimentos de temor ou reverência.

• O método utilizado por esta reflexão é espontaneamente um método indutivo-analógico, que se combina com tendências psíquicas, denominadas *hilozoísmo* e *antropomorfismo*.

### *I.2.2 Religião positiva*

• Surgiu nos primórdios do período histórico com o advento das primeiras civilizações (egípcia, mesopotâmicas, babilônica). A sociedade já estava estratificada em classes sociais, de modo que a uma parte da sociedade cabia exclusivamente realizar o trabalho manual, ao passo que, a outra, cabia, além do poder de governar, as várias modalidades de *trabalho intelectual*, dentre as quais destaca-se a reflexão religiosa. No Egito, essa tarefa de pensar cabia à classe sacerdotal.

• Além de cuidar da administração dos bens materiais da sociedade, os sacerdotes cuidavam também da administração das almas dos seus habitantes, de modo a justificar a estratificação social existente e o direito atribuído ao faraó de dispor das vidas dos que se dedicavam aos trabalhos manuais para garantir os privilégios das classes dominantes. Para isso, a religião egípcia sustentava a ideia de que existia um deus poderosíssimo que tinha sob o seu poder a vida e o destino tanto do universo cósmico como de todas as criaturas da terra. Particularmente o destino dos homens estaria pré-fixado por esse deus. Chamado *Ra* no Egito, ele se confundia com a figura do faraó, que se constituía no fundamento de tudo, inclusive da ordem social e política, e da vida de todos. Tratava-se de uma religião positiva por ser elaborada por "especialistas" – os sacerdotes – e estar codificada em textos como o *Livro dos Mortos.*

• O método desta *reflexão religiosa*, derivado do processo de divisão de classes da sociedade, era um método *mágico-dedutivo*, que se baseava na utilização do *princípio de autoridade* pela classe sacerdotal.

## I.3 A reflexão mítica

• Desenvolve-se na Grécia Arcaica, entre os séculos 9º e 7º a.C. e constituiu, na visão dos historiadores, uma espécie de *transição* para a *reflexão crítica madura* que viria a seguir com o surgimento da reflexão filosófica.

• Ao contrário da reflexão religiosa egípcia, que visava impor a crença na existência de um poder divino absoluto projetado na figura do faraó, a reflexão mítica dos gregos visava *explicar os fenômenos da natureza e da vida social, por meio de conceitos ou imagens obtidos das experiências da sua vida social.* Mas trata-se ainda de uma visão antropomórfica, que se revela na personificação das forças cósmicas. Cada força cósmica era personificada na figura de um deus ou deusa de aparência humana: *Gea*, deusa da Terra,

*Cronos,* deus do Tempo, e assim por diante.

• A reflexão mítica que escritores gregos como Hesíodo praticaram no século 7º a.C. revela a presença de uma *certa forma de racionalidade*, que constitui elemento preparatório da reflexão filosófico-científica que surgiria no século 6º seguinte. De fato, Hesíodo, autor da *Teogonia* (Nascimento dos deuses) faz uma espécie de racionalização dos vários mitos locais que apresentavam incoerências gritantes entre si. Ele remove em grande parte estas incoerências e constrói com o material "depurado" um *sistema explicativo da origem do cosmos.*

• O método de reflexão aqui empregado já é um método indutivo-generalizador e crítico, uma vez que pressupõe um pensamento do pensamento.■

*II*

# A Ciência Filosófica da Antiguidade

• A filosofia nascida na Grécia (particularmente na Jônia, colônia grega da Ásia Menor) no século 6º a.C., foi por muito tempo uma disciplina que incluía tanto a pesquisa 'filosófica' propriamente dita como também a "científica".

• Os primeiros filósofos e também os poetas gregos da época, refletindo sobre a história da sua cultura, costumavam dizer que o pensamento grego era uma continuação dos pensamentos egípcio e mesopotâmico antiquíssimos. Porém, os historiadores atuais não concordam com esta opinião. Afirmam que os filósofos gregos procuraram filiar o seu pensamento à antiga tradição oriental egípcia e mesopotâmica por uma razão política precisa: queriam disfarçar o caráter novo e inquietante da sua maneira de pensar, pois, naqueles tempos, chocar a opinião pública com ideias novas era arriscado. Como prova, basta lembrarmos a condenação e execução do filósofo Sócrates, acusado de não crer nos deuses e de subverter os jovens com sua mania de colocar as crenças estabelecidas em dúvida.

- Na verdade, embora reconheçam que tenha havido influência do pensamento oriental antiquíssimo sobre o pensamento grego, os estudiosos afirmam que referida influência, de caráter muito geral, foi amplamente superada quando a *reflexão grega seguiu um rumo próprio e estabeleceu uma forma de racionalidade até então praticamente inexistente.*

- Argumentam: é verdade que os egípcios desenvolveram as matemáticas, *mas* os conhecimentos matemáticos deles eram mais ou menos dispersos e não obedeciam a nenhuma estrutura lógica definida; estavam voltados apenas para os interesses práticos do momento: comércio, agricultura e medição dos terrenos após as enchentes do rio Nilo. É também verdade que os babilônios progrediram em conhecimentos celestes, *mas* sua preocupação não era com a astronomia e sim com a astrologia, relacionada a crendices e superstições.

- Portanto, comparando esses conhecimentos orientais com os conhecimentos produzidos pelos gregos, vemos que *somente os gregos* souberam investigar os fenômenos celestes de um ponto de vista estritamente racional e objetivo. Souberam fugir das limitações impostas pela simples experiência sensível imediata das coisas, criando *hipóteses* que iam muito além das aparências e muito além do conhecimento ingênuo e grosseiro dos pensadores antiquíssimos do Egito e da Mesopotâmia. Enfim, somente os gregos souberam criar uma ciência ligada a uma concepção muito mais profunda e abstrata do seu papel e da sua estrutura.

• A professora Marilena Chauí resumiu assim, em um dos seus cursos, as características do pensamento científico-filosófico dos gregos:

1) tendência à racionalidade: a razão é tomada como critério de verdade, superando as limitações da experiência imediata e da fantasia mítica;
2) busca de respostas concludentes: respostas que pudessem ser submetidas a uma análise crítica, ao invés de serem dogmaticamente aceitas;
3) construção de um pensamento organizado; organizado de acordo com certos princípios, que são princípios lógicos;
4) ausência de conceitos pré-estabelecidos: e por isso busca de soluções naturais para explicar a natureza;
5) tendência à generalização: sem esta seria impossível o estabelecimento de verdades científicas (leis, teorias, etc.)

### *II.1 Verdade (*Aletheia*)*

• *Aletheia* é a palavra que os gregos usavam para exprimir o que entendiam por verdade. A palavra quer dizer: *aquilo que não está escondido* ou *aquilo que não está coberto* (pelo véu do esquecimento). Nos primeiros tempos da Grécia (Grécia Arcaica), *aletheias*, ou seja, verdades, eram os feitos heroicos dos antepassados, que deviam ser tornados inesquecíveis nos cantos reiterados dos seus grandes poetas. Nesse sentido, a *Ilíada* do célebre poeta grego Homero contém um acervo de *aletheias* – feitos dos antepassados, retirados do esquecimento para servirem de exemplo e estímulo às gerações futuras. E o valor de verdade que possuem deriva do fato de terem sido cantados por um poeta, personagem reconhecido e respeitado pela inspiração que supostamente recebia das musas. Ou seja, cantados por um *mestre de verdade*.

• Havia outros mestres de verdade ao lado dos poetas. Eram os reis ou soberanos e os adivinhos. Tanto a palavra de uns como a de outros eram tidas como expressão de verdade, ou seja, expressão de algo que devia ser recebido como norma de conduta e fixar-se na memória de quem tivesse ouvido a palavra. Como se vê, tratava-se de um *conceito baseado no princípio de autoridade*.

• Com o surgimento da filosofia e ciência gregas, surge um conceito de verdade absolutamente novo. É o chamado *conceito clássico de verdade*. Sob a regência deste conceito de verdade, os filósofos vão sutilmente ("sutilmente" por razões de ordem política, óbvio) ignorar o papel dos 'mestres de verdade' na determinação do que seja verdade. O conceito clássico de verdade apela apenas para os fatos mencionados nos enunciados e para a forma como estes enunciados foram relacionados entre si.

• Talvez possamos imaginar que os que adotavam o antigo conceito de verdade, baseando-se no princípio de autoridade, raciocinavam do seguinte modo:

"Tu dizes que as coisas são assim.
Ora, tu dizes a verdade.
Logo, as coisas são assim."

• Diferentemente, os que adotaram o novo conceito de verdade deviam raciocinar assim:

"Tu dizes que as coisas são assim.
Ora, as coisas são assim.
Logo, tu dizes a verdade."

• Observemos que, sob o conceito do *princípio de autoridade*, os gregos mais antigos aceitavam uma *verdade pressuposta*; isto é, uma vez que um dos mestres de verdade dissesse alguma coisa, ele estaria dizendo a verdade, pelo fato de ser ele considerado um mestre de verdade. Já a partir do *conceito clássico de verdade*, a verdade deixa de ser pressuposta. Portanto – reforcemos –, com o início da filosofia e ciência gregas, a verdade deixa de ser decidida mediante apelo ao princípio de autoridade, e passa a ser decidida pela verificação puramente racional dos enunciados e argumentos.

### *II.1.1 Verdade absoluta*

• Em sua primeira fase, a filosofia grega era mais uma *física* ou *cosmologia*, revelando-se consequentemente uma filosofia "científica". De fato, os primeiros filósofos estavam preocupados em encontrar *um* ou *alguns* princípios gerais, capaz ou capazes de explicar a multiplicidade de aspectos apresentada pela natureza. A este princípio explicativo da origem de tudo que existia natureza os gregos davam o nome de *físis* (daí, modernamente, o nome 'Física' para denominar esta 'ciência da natureza').

- Para alguns desses primeiros filósofos, a *físis* era única. Caso do filósofo Tales, para quem a *físis* era a água. Isto é, a água seria o elemento simples constitutivo e gerador de todas as coisas da natureza. No popular: tudo viria da água. Esta concepção era diferente da de Anaxímenes, para quem a *fisis* é o ar. Houve também os que acharam que a *físis* fosse múltipla. Empédocles, por exemplo, crava em 4 o número de elementos que constituiriam a *fisis*: água, terra, ar e fogo. Demócrito, que juntamente com Leucipo de Atenas propuseram a primeira concepção atômica do universo, não entra na discussão sobre a natureza da *físis* (se isto ou aquilo), mas sobre a forma que o tal elemento constitutivo de todas as coisas do universo teria: seriam 'partículas indivisíveis', á*tomos*, em grego.

- Embora obtidas mediante processos de pesquisa racionais, que operavam mediante formulação de hipóteses e induções generalizadoras, essas concepções sobre a natureza e o cosmos eram apresentadas pelos seus autores como 'verdades absolutas', ou seja, como verdades universais que deveriam ser aceitas por todos.

Do mesmo modo, as afirmações dos primeiros filósofos sobre temas morais eram apresentadas com o caráter de verdades absolutas. Ou seja, os filósofos "humanistas", que sucederam os "físicos", pretendiam igualmente que o que afirmavam sobre a conduta dos homens tivesse validade universal, devendo ser acatado por todos como sendo *a* verdade.

### *II.1.2 Verdade relativa*

- Em fins do século 5º a.C., surge com força a concepção de *verdade relativa*. Os historiadores o surgimento dessa novidade do seguinte modo: a sociedade ateniense passava por profundas transformações sociais e econômicas. Surgia uma nova classe social, constituída de artesãos e comerciantes (uma espécie de "burguesia"), cujos valores morais em formação diferiam radicalmente dos valores da antiga nobreza. Assim, o que era tido como "verdade única" em termos de conduta por toda a sociedade passa a ser questionado pela nova classe social.

Quem vai verbalizar os questionamentos desta nova classe ao caráter absoluto da verdade, antes embutido nos valores tradicionais, é também um tipo novo de pensador, que se autodenominava *sofista, que traduzimos por sábio*. Um dos mais importantes pensadores sofistas foi *Protágoras de Abdera* (480 a.C. a 410 a.C.). Ao afirmar que "o homem é a medida de todas as coisas, das que são enquanto são e das que não são enquanto não são", Protágoras proclamava o caráter relativo da verdade. Outro célebre sofista foi Górgias (483 a. C. – 375 a.C.), que defendia três teses intrigantes. 1ª *Não existe nada*; 2ª *Ainda que exista algo, este algo é inacessível ao homem*; e 3ª *Se o homem pudesse conceber algo, este algo seria inexplicável e incomunicável ao próximo.*

- Ao lado de pensadores sofistas profundos, como Protágoras e Górgias, surgiram muitos outros que usavam as teses sobre o caráter relativo da verdade simplesmente para ganhar dinheiro das ricas famílias da nova classe social. Eles se apresentavam como professores de cultura geral, prometendo aos jovens ricos fornecer a eles duas armas que diziam ser indispensáveis para que obtivessem sucesso na sociedade democrática em que viviam: as armas da retórica e da dialética. Enquanto os jovens da antiga nobreza tinham sido educados para serem "belos, fortes e conhecedores das leis", os jovens da nova classe seriam educados para ser grandes oradores, e assim poder derrotar os oponentes não numa arena ou campo de batalhas, mas numa discussão pública.

- Para persuadir seus discípulos de que a vitória nos debates das assembleias populares era sempre possível, apesar da grande multiplicidade de opiniões que nelas se manifestava, os sofistas assumiam a tese de que não existia verdade absoluta, universal. Pelo contrário, segundo os sofistas, a verdade é aquilo que cada indivíduo considera ser verdade. Ou seja, a verdade é relativa. E se, em determinado momento, todos aceitam uma só verdade, isto não significa que as outras verdades deixaram de ser verdade; significa apenas que todos foram persuadidos por uma boa retórica e dialética de que uma das verdades deve ser acatada por todos por ser esta, e não aquela, *a verdade mais útil e conveniente.*

- Portanto, para os sofistas seria perda de tempo buscar 'leis morais' que devessem aplicar-se a todos os homens, assim como seria inútil buscar 'leis da natureza', capazes de nos revelar alguma verdade objetiva universal sobre as coisas sensíveis. Ao contrário, para eles a verdade é subjetiva, o que vale é a sentença de Protágoras de que o homem é a medida de todas as coisas.

Os maiores críticos dos sofistas serão os filósofos Sócrates e Platão. Nascido em 469 a.C. e morto em 399 a.C., Sócrates procurava restabelecer o ideal dos primeiros filósofos de uma verdade universal. A concepção de verdade de Sócrates parte da distinção entre conhecimento obtido por meio dos sentidos (conhecimento sensível, empírico) e conhecimento obtido por meio do intelecto (conhecimento inteligível). Para Sócrates, o conhecimento sensível era realmente flutuante e variável como queriam os sofistas. Entretanto, haveria um conhecimento firme, inalterável, aquele que se obteria por meio da razão. Sócrates afirmava que era necessário acreditar na existência deste conhecimento e buscá-lo infatigavelmente com o uso da razão.

• Um dos exemplos do modo como *Sócrates* considerava a verdade é apresentado por *Platão*, seu discípulo, no diálogo intitulado *"Menon"*. (Como se sabe, Sócrates nunca escreveu uma linha. Seu pensamento aparece reproduzido em obras de seus discípulos). Neste texto, *Platão* imagina um diálogo protagonizado por *Sócrates* e *Menon*, este um seguidor dos sofistas. O tema do diálogo é uma discussão sobre o que seria a *virtude*. Depois de ouvir de Menon que existiriam várias espécies de virtude (uma para o homem, uma para a mulher, outra para a criança, e assim por diante), *Sócrates* faz uma das raras afirmações do diálogo, já que seu método consistia, quase exclusivamente, em perguntar e não em afirmar. Afirma ele: "Embora existam muitas virtudes, e de várias espécies, todas têm em comum uma essência que faz delas virtudes. Ora, é esta essência que deve buscar quem pretenda elucidar a pergunta: em que consiste a virtude?" Em suma, o que Sócrates exige (e Menon não fornece) é uma definição que, revelando a essência da virtude, poderia ser aplicada universalmente a qualquer manifestação particular desta. Como exemplo, Sócrates se propõe a definir o significado de 'figura'. Não é o círculo, não é o triângulo, não é o quadrado, embora todos possam ser chamados de figura. 'Figura', diz Sócrates é o limite de um sólido, uma definição que pode ser aplicada sem contradição a todas as espécies de figura.

• Divergências à parte, tanto os sofistas como

Sócrates inauguram um momento novo na história da filosofia e da ciência gregas. É o chamado momento antropológico, em que o objeto de estudo é o homem (*antropos*) e não o universo (*cosmos*), como ocorria entre os primeiros filósofos, chamados pelos historiadores modernos de pré-socráticos. Estes historiadores fazem um julgamento imparcial dos sofistas, reconhecendo que eles tiveram um papel importante como críticos do conhecimento do seu tempo. Pois as críticas que fizeram do conceito de verdade absoluta revelaram problemas reais, dificílimos de resolver, que a filosofia e a ciência ainda hoje discutem. De fato: a verdade científica é absoluta? Existe verdade absoluta? Por outro lado, teria sido possível construir a ciência que temos com conhecimentos relativos, subjetivos? Como conciliar hoje as duas visões da verdade, a relativa e a absoluta?

*III*

# Ciências particulares e ciência universal em Aristóteles

• Apesar da incômoda e, para muitos, pertinente crítica dos sofistas à noção de 'verdade absoluta', foi exatamente esta noção a que prevaleceu na ciência filosófica da antiguidade. Especialmente Aristóteles (384 a.C. – 322 a.C.), maior expressão da ciência antiga, partiu desta noção para formular o ideal de uma ciência garantidora de um grau máximo de certeza. Ou seja, uma ciência que oferecesse provas de afirmações que não pudessem deixar de ser aceitas por todo e qualquer ser dotado de razão.

• Aristóteles define a ciência como 'conhecimento demonstrativo'. E afirma que conhecer demonstrativamente é conhecer a 'causa' do objeto, ou seja, *conhecer o porquê de o objeto não poder ser diferente do que é*. Dessa concepção de ciência, ele deriva a tese de que não pode haver ciência de fatos particulares e contingentes. A ciência somente é possível a partir do acesso do investigador à essência imutável e necessária das coisas. Diz ele: "O objeto próprio de um conhecimento científico (...) não pode ser distinto do que é."

• Aristóteles admite graus de cientificidade. Para ele, existem as ciências particulares (como a física, que trata exatamente da 'mudança'), as quais, na medida em que não tratam exclusivamente de 'essências' mas sim de aspectos contingentes e flutuantes da realidade, apresentam conhecimentos firmes mas não tão firmes e necessários como a 'ciência do ser enquanto ser'. De fato, a 'ciência do ser enquanto ser', que é a filosofia, por tratar exclusivamente da essência das coisas é a mais 'científica' das ciências. E, sendo a única capaz de propiciar um saber total, constitui-se em modelo para todas as outras ciências. Isto quer dizer que também as ciências particulares devem almejar o conhecimento da essência da realidade. Talvez se possa dizer que o que Aristóteles exige do sábio é que ele descubra a lei que rege cada objeto.

### *III.1 O Silogismo como instrumento (*organon*) da ciência*

• Ao afirmar que conhecimento científico é o que deriva de verdades universais, Aristóteles caracteriza conhecimento científico como conhecimento 'dedutivo', isto é, um conhecimento que se impõe como logicamente necessário. Já conhecimento derivado de verdades particulares é conhecimento 'indutivo', isto é, um conhecimento possivelmente, mas não necessariamente verdadeiro. Portanto, conhecimento indutivo, na concepção de ciência de Aristóteles, é não científico.

• Aristóteles denominou *Silogismo* aquela forma de raciocínio pela qual, partindo de uma verdade universal, chegamos a uma afirmação científica, ou seja, logicamente demonstrada. Diz ele: "Silogismo é um discurso no qual, postas certas coisas, algo outro, que não estas, resulta necessariamente do fato de estas terem sido postas".

• Mas para Aristóteles, o Silogismo não serve somente para demonstrar verdades conhecidas; serve também para *descobrir* verdades novas. Por exemplo, ele se propõe a descobrir por que "os passeios após o jantar são benéficos à saúde". Esta proposição apresenta dois termos: "passeios após o jantar" e "benéfico à saúde". A tarefa do cientista (no caso o médico) consiste em descobrir um terceiro termo (chamado 'termo médio') que permita unir, demonstrativamente, os dois primeiros termos. No exemplo considerado, o termo médio seria "a boa digestão". E o silogismo resultante seria:

> "Os passeios após o jantar favorecem a boa digestão.
> A boa digestão é benéfica à saúde.
> Logo, os passeios após o jantar são benéficos à saúde."

Como se pode verificar, admitida a verdade das premissas deste raciocínio, a conclusão se impõe como *necessariamente* verdadeira. (Como veremos mais adiante, a crença aristotélica nas virtudes "científicas" do silogismo será energicamente refutada pelos sábios do século 17).

• Para garantir a verdade das premissas, sem a qual a conclusão não será científica, convém lembrar que Aristóteles pressupõe duas coisas: a existência de essências universais no âmago das coisas, que são representadas pelos termos das premissas, e a capacidade do entendimento humano intuí-las. Portanto, é a intuição intelectual que, penetrando a natureza íntima dos objetos, apreende as qualidades essenciais que serão utilizadas para a construção dos enunciados científicos.

• Do ponto de vista da lógica *formal*, o silogismo constitui uma obra monumental do intelecto humano. Mas do ponto de vista *material*, propriamente científico, conduziu a resultados cômicos. Vejamos esta passagem da física de Aristóteles. A partir da tese de que é observando a essência dos objetos que se descobre as suas leis, Aristóteles explica a queda dos corpos do seguinte modo: todos os corpos possuem, dentre suas 'virtudes' intrínsecas, a virtude de possuir um 'lugar natural' no universo. Assim os 'corpos pesados' são definidos como aqueles cujo 'lugar natural' é o 'baixo' (e, por isso, quando lançados, tendem naturalmente para o 'seu lugar'); do mesmo modo, 'corpos leves' são aqueles, cujo 'lugar natural' é o 'alto' (e, lançados, tendem naturalmente para o 'seu lugar'.)

- Conclusão: o modelo de ciência da antiguidade é um modelo que, a partir de sua preferência pelo método dedutivo, pode ser qualificado de *racionalista*. É verdade que o método inclui também a observação, mas os aspectos dos objetos que interessam ao observador antigo não são os aspectos sensíveis e contingentes; são os aspectos inteligíveis e essenciais. Finalmente, o método da ciência da antiguidade ignora a experimentação controlada, ou seja, a ideia da reprodução artificial dos fenômenos, com vistas a uma interferência e controle dos processos naturais.
- Mas apesar dos resultados ingênuos no campo das 'ciências da natureza', a ciência da antiguidade deixou um legado que sobreviveu à revolução científica do século 17 e predominou até fins do século 19. Trata-se do ideal de construção de um conhecimento universal e necessário. Portanto, de um conhecimento que se impusesse a todos por força do modo como fora produzido. As mudanças que ocorrem na ciência nos tempos modernos serão, pois, principalmente mudanças de método e não de ideal científico nem de objeto de investigação.■

IV

# A Ciência Medieval

• Muitos historiadores apelidaram a Idade Média de "Idade das Trevas", para enfatizar uma suposta descontinuidade cultural em relação à luminosa cultura greco-romana anterior – descontinuidade, como é sabido, deflagrada pela invasão da Europa pelos bárbaros e pela consequente queda do império romano no século 5º d.C. Neste período, que teria se encerrado em meados do século 15 com a queda de Constantinopla, as luzes da racionalidade grega teriam dado lugar à escuridão das culturas primitivas dos invasores.

• Esse corte cronológico é caricatural, pois, principalmente a partir do começo da Baixa Idade Média (séculos 11 e 12), registram-se numerosas iniciativas no campo das ciências, muitas delas significativas por insinuarem pioneiramente críticas pertinentes que os cientistas e pensadores da Ciência Moderna viriam a fazer à Ciência Antiga. Mas, de um modo geral, embora tenham sido importantes por recuperarem e conservarem a memória de parte do que havia de mais significativo do pensamento grego antigo, os pensadores medievais nunca assinalaram os limites dos pensamentos antigos em relação ao novo momento histórico. Santo Agostinho, pensador católico da Alta Idade Média, dirigiu esforços para cristianizar o pensamento de Platão; e Santo Tomás de Aquino, filósofo do começo da Baixa Idade Média, tenta também conciliar a doutrina da Igreja com o pensamento de Aristóteles. Ou seja, ambos os pensadores católicos, em vez de tentarem estabelecer a especificidade dos pensamentos desses autores, procuram nas suas obras supostos traços da doutrina cristã segundo a Igreja. ■

V

# A Ciência Moderna

• Talvez possamos afirmar que, com exceção da matemática e da geometria, que sempre desfrutaram de relativa independência, todas as demais ciências da cultura ocidental nasceram como parte da reflexão dos grandes filósofos da antiguidade. Aristóteles, por exemplo. Entre os seus escritos, encontram-se tratados de lógica, física, astronomia, biologia, botânica, psicologia etc. E Demócrito e Leucipo esboçaram a primeira teoria da constituição atômica da matéria. Mas, como uma espécie de nave-mãe, enquanto a Filosofia viaja no tempo histórico, dela vão se desprendendo disciplinas-satélites, que criam novos métodos de investigação, tornando-se desse modo ciências particulares autônomas. Casos da astronomia, física, biologia, química, economia e psicologia, que, como veremos adiante, proclamam sua independência a partir de uma nova abordagem da questão do método de pesquisa.

Além das que se desgarram do tronco da Filosofia entre os séculos 16 e 19, surge neste último século pelo menos uma ciência nova desconhecida dos antigos e medievais: a sociologia do conhecimento, ciência criada por Karl Mannheim.

• Como dito anteriormente, a ciência moderna mantém o ideal científico estabelecido pelos gregos antigos. Isto é, propõe-se a construir enunciados apodíticos, isto é, aqueles que possam se impor como necessariamente verdadeiros. Para isso, a grande ruptura que a ciência moderna opera com a ciência filosófica da antiguidade grega (ainda predominante na Baixa Idade Média) não ocorre em relação ao objeto de estudo; ocorre na questão do *método*.

• De fato, a modernidade científica tem início a partir da crítica que os modernos fazem ao método dedutivo-silogístico da ciência filosófica.

• Contestando frontalmente Aristóteles, os modernos afirmavam que esse método era meramente formal; teria alguma utilidade para expor verdades já conhecidas, mas não apresentaria nenhuma utilidade quando se tratasse de descobrir verdades novas[1]. Analisando a estrutura do silogismo, perguntavam: para que serve uma conclusão que já se encontra contida nas premissas? E respondiam: para nada!

• O antigo método foi criticado a partir de dois pontos de vista; um 'racionalista' e outro 'empirista'.

1 Estes modernos não podiam imaginar que os 'métodos meramente formais' viriam no futuro a ter grande importância para o desenvolvimento de todas as ciências. Refiro-me àqueles em que se assentam nas tecnologias da computação.

A crítica racionalista foi feita pelo filósofo francês René Descartes (1596-1658), um dos criadores da geometria analítica. Para Descartes, o velho método da dedução silogística deveria ser substituído pelo método da dedução geométrica. Assim, segundo sua *geometria analítica*, qualquer problema deveria ser ***decomposto*** em partes simples, que fossem evidentes por si em grau absoluto. Partindo de um conjunto de partes absolutamente evidentes, o investigador deveria descobrir relações necessárias entre estas. E, à maneira dos geômetras, construir cadeias de conhecimentos demonstráveis. Repare: para Descartes, o método científico baseia-se no funcionamento da intuição intelectual, que apreende com certeza cada *elemento simples* do problema; e passa a raciocinar como um geômetra, que apreende a verdade das *relações necessárias que cada elemento simples mantém com os demais elementos igualmente simples do problema.*

- Há uma diferença sutil entre a dedução silogística dos antigos e a dedução geométrica proposta por Descartes. Enquanto, na dedução silogística, a conclusão está *contida* nos princípios de que parte, na dedução geométrica, a conclusão não está contida, está *apoiada* nos elementos simples de que parte.

- Uma das principais críticas empiristas ao método silogístico da antiguidade foi feita pelo filósofo inglês Francis Bacon (1561-1626). Ao contrário de Descartes, Bacon relega o método dedutivo a um segundo plano (tanto o silogístico como o geométrico), afirmando a supremacia do *método indutivo* e o papel a seu ver insubstituível da *experimentação* controlada no processo da descoberta científica.

• Segundo Bacon, a experimentação deve consistir na *variação*, *repetição*, *extensão*, *transferência*, *inversão*, *supressão*, *aplicação* ou *adição* das experiências, evitando-se qualquer ideia preconcebida: é o próprio processo de experimentação que deve revelar a um observador atento a verdadeira forma dos fenômenos.

• Para facilitar o uso dos vários tipos de experimentação, Bacon propôs a utilização das célebres três tábuas: tábua de presença, tábua de ausência e tábua de graduação, onde se classificam e dispõem as experiências de modo a descobrir, de forma mecânica, a composição e a dinâmica dos fenômenos pesquisados. No século 19, outro cientista inglês, John Stuart Mill, retomaria esta ideia de formulação de um procedimento experimental mecânico.

### *V.1. Matemática como linguagem das ciências: Galileu Galilei (1564-1642)*

• O forte da contribuição de Francis Bacon para a revolução científica do século 17 foi sua defesa apaixonada do método indutivo-experimental. Sua fraqueza foi não ter compreendido a importância da dedução no processo de construção da ciência. Ao contrário, Descartes soube demonstrar a importância fundamental da dedução como meio indispensável para a construção de um saber sistemático e universal, mas não atribuiu a mesma importância ao método indutivo experimental. Coube a Galileu unir num mesmo procedimento científico o método indutivo experimental e o método dedutivo. Entretanto, a principal façanha de Galileu para o desenvolvimento da ciência foi outra. Ele substituiu radicalmente a tradicional preocupação dos sábios antigos em determinar as *qualidades* dos entes naturais pela preocupação em estabelecer leis da natureza escritas em linguagem matemática.

• De fato, o grande feito de Galileu, aquilo que o torna a justo título o verdadeiro iniciador da ciência moderna, consistiu em *utilizar a matemática para expressar leis físicas*. Segundo Galileu, "A Matemática é a língua que Deus utilizou para escrever o Universo".

• Enquanto os antigos preocupavam-se em saber *o quê* era um corpo para, a partir de uma resposta metafísica qualquer, tentar explicar os fenômenos físicos, a ciência moderna passou a preocupar-se em saber *como* os fenômenos ocorrem. E para isso, são apenas os *aspectos quantificáveis* da natureza que vão interessar: massa, volume, distância, velocidade, frequência, etc.

### *V.II. Ciência como sistema*

• Do ponto de vista da construção de um sistema de conhecimentos científicos, a obra do inglês Isaac Newton (1642-1727), *Princípios Matemáticos de*

*Filosofia Natural*, deve ser considerada o exemplo mais completo. Ao formular a *Lei da Gravitação Universal*, unindo à mecânica celeste de Kepler a mecânica terrestre de Galileu, Newton operou uma das maiores generalizações científicas que o espírito humano já realizou. Ei-la:

> "Toda partícula de matéria do universo atrai qualquer outra partícula com uma força que é diretamente proporcional ao produto das massas das partículas e inversamente proporcional ao quadrado da distância entre elas."

• O traço comum que unia os fundadores do espírito científico moderno era sua visão do papel que a ciência deveria exercer no mundo. Diferentemente dos antigos, que cultivavam a concepção de uma *ciência contemplativa* [2], que não visava qualquer aplicação aos negócios mundanos, os modernos cientistas – dentre os quais destaca-se a figura de Francis Bacon – concebiam a *ciência* essencialmente *como um instrumento de transformação do mundo*. Portanto, para eles a ciência deveria ser inseparável da técnica e colocada a serviço do progresso. ■

## VI

2 Em grego, a palavra teoria significa contemplação, reflexão, introspecção.

## A Ciência Contemporânea

• Mais uma vez: devemos olhar com cautela os recortes cronológicos que se fazem na história das ciências. Por exemplo: muitos consideram que a história da ciência moderna tem início no século 17, com as obras de Francis Bacon e Galileu. No entanto, ainda na primeira metade do século 16, mal saíamos da Idade Média, Nicolau Copérnico publicava *Da revolução das esferas celestes*, defendendo a tese de que a Terra girava em torno do Sol, e não o contrário, o Sol em torno da Terra. Com isso, derrubava a teoria geocêntrica – um dos pilares não somente das ciências antiga e medieval mas também de toda uma visão de mundo da época – merecendo assim, também e com justiça, o título de um dos fundadores da ciência moderna. Do mesmo modo, a ciência contemporânea, que teria se iniciado no começo do século 20, na verdade começa a cavar suas fundações ainda no século 19. Pois, quase tão revolucionárias quanto a teoria do heliocentrismo formulada por Copérnico, as geometrias não euclidianas, inventadas por *Lobatschevski* e *Riemann*, ainda na primeira metade no século 19, já anunciavam um novo tempo para a ciência. De fato, negando o caráter absoluto do enunciado do 5º postulado da geometria das superfícies planas – monumento intelectual erguido por Euclides no século 3º a.C. – a geometria das superfícies curvas criada em meados do século 19 por Lobatschevski, viria a contribuir, cem anos depois, em meados do século 20, para a realização de um feito glorioso da humanidade, pois tornou exequível o cálculo das trajetórias dos foguetes que lançariam o homem rumo à Lua e ao espaço sideral.

• Juntamente com a *Geometria das superfícies não planas*, a *Teoria Quântica* da matéria, desenvolvida por um grupo de cientistas liderados por Max Planck, Albert Einstein, Rutherford, Niels Bohr, Schrodinger e Pauli, no início do século 20, e a *Teoria Geral da Relatividade* de Albert Einstein, publicada em 1915, compõem o quadro referencial definidor do que se pode chamar de Ciência Contemporânea.

• Em conjunto, estas teorias destruíram três mitos do século 19: o mito da existência de um espaço absoluto; o mito da existência de uma substância simples no universo, funcionando como partícula constitutiva irredutível da matéria; e o mito da *certeza* em relação ao conhecimento da realidade natural, proporcionada pelo determinismo derivado dos enunciados da física newtoniana.

• Os resultados da ciência moderna, particularmente os da mecânica newtoniana, foram tão brilhantes e extraordinários à sua época que levaram o mundo a crer que o determinismo implícito na lei da gravitação universal deveria, se não se constituir em modelo de todas as ciências em geral, pelo menos servir de inspiração a elas. Assim, mesmo as chamadas ciências humanas, como a economia, a psicologia e a sociologia nascente no século 19, foram tentadas a elaborar enunciados generalizadores, 'leis científicas', no mesmo espírito das leis de Newton.

- Ao afirmar que, diferentemente do que postulou Euclides, as paralelas podem encontrar-se em certos tipos de espaços; que o conceito tradicional de matéria, apoiado na ideia de uma substância discreta que ocupa um lugar definido no espaço, deve ser substituído pela ideia de uma estrutura elementar complexa formada por substâncias fluidas e elétricas reunidas num campo de força; e que a ideia de um espaço absoluto é uma ficção (o que existe na realidade são espaços, definidos em função da variável tempo e da figura do observador), ao fazer estas afirmações, a Ciência Contemporânea lança as fundações daquilo que Gaston Bachelard chamou de *Le nouvel esprit scientifique* (*O novo espírito científico*).

- Mergulhando na natureza intima da matéria, o novo espírito científico, dotado, já no início do século 20, de poderosos recursos técnicos e matemáticos, verifica teórica e empiricamente a impossibilidade de descrever os *quanta* que formam a estrutura dos átomos nos termos da linguagem e dos métodos até então utilizados pela física. É que a interferência do observador durante a observação de um átomo é inevitável e incontrolável, pois este ocasiona necessariamente alteração do estado do átomo. Palavras de Heisenberg:

> "Nas teorias clássicas, a interação entre o objeto e o observador era considerada ou pequena (até o ponto de desprezá-la) ou controlável, de modo a poder eliminar eventuais influências por meio de cálculo. Na física atômica, no entanto, não é possível fazer tal admissão porque, em razão da descontinuidade dos acontecimentos atômicos, toda interação pode produzir variações parcialmente incontroláveis e relativamente grandes. Esta circunstância tem como consequência o fato de que, em geral, as experiências executadas para determinar uma grandeza física tornam ilusório o conhecimento de outras grandezas obtidas precedentemente; elas de fato influenciam o sistema sobre o qual se opera de maneira incontrolável, portanto os valores das grandezas precedentemente conhecidas resultam alteradas. Se tratarmos esta perturbação em modo quantitativo, verifica-se que em muitos casos existe, pelo conhecimento contemporâneo de diferentes variantes, um limite de exatidão finito, que não pode ser superado."

O impacto das descobertas que marcam o nascimento da Ciência Contemporânea, em todos os campos das chamadas ciências naturais e, particularmente, no desenvolvimento tecnológico como um todo, foi incalculável. Com o aporte do extraordinário desenvolvimento das matemáticas e das assim chamadas "ciências da computação" – estas, na verdade, tributárias dos desenvolvimentos da Lógica simbólica – várias 'revoluções' se sucederam: na engenharia espacial, na química, na biologia e, muito especialmente, nos sistemas de comunicação e transmissão de dados.

Mas os impactos de uma verdadeira revolução científica costumam ir muito além de um campo específico de conhecimento. Quando ocorrem abalam os alicerces de toda a cultura humana. Assim, a orgulhosa certeza propiciada pelo determinismo absolutista da ciência moderna no século 19 dá lugar, no século 20, à aceitação realista dos limites do conhecimento científico. Na esteira dos princípios da relatividade e da indeterminação, acontece nas primeiras décadas de 1900 verdadeira explosão de subjetividade e liberdade, protagonizada por criadores da arte moderna como Rimbaud, Picasso, Cézanne, Van Gogh, Gauguin, Mondrian, Salvador Dalí e tantos outros. No campo das ciências humanas, com a obra de Sigmund Freud, acontece a descoberta e desbravamento de uma das últimas regiões da Terra a serem conquistadas: a região do subconsciente humano. E na esfera da política, em particular, o afastamento do determinismo por imposição do princípio de indeterminação, tornado cada vez mais reconhecido, abre espaço para a construção de uma sociedade verdadeiramente democrática, em que indivíduos indiferenciados perante a lei se sentirão partícipes da sustentação de um sistema de governo justo. Contribuição importante para a realização deste objetivo é dada pela obra lógica do segundo Wittgenstein, *Investigações filosóficas*, em que o autor desenvolve o conceito de 'jogos de linguagem' para explicar a lógica livre que deriva do entendimento das regras que presidem a experiência cultural humana concreta.■

## VII

# O jogo trágico pré-socrático

Em a "*Origem da tragédia proveniente do espírito da música*", Nietzsche vai mostrar que havia, no período pré-socrático, uma espécie de movimento dialético entre os elementos que constituíam a estrutura do teatro grego antigo, dando vida a um sentimento caro à cultura grega antiquíssima: o espírito trágico[3]. E que, às mudanças ocorridas nesse teatro, no tempo de Sócrates, corresponde o surgimento de um pensamento[4] que opera uma espécie de mutilação da seiva vital da humanidade. Trabalhando em vários níveis (histórico, estético, psicológico, filosófico), Nietzsche abandona neste livro qualquer tentativa de sistematização, preferindo expressar-se de forma aforismática.

3 ...cujo sentido está distante do sentido do espírito trágico moderno, inaugurado pelo chamado período socrático da filosofia grega.

4 Coincide com a destruição da dialética presente no teatro grego antigo entre as figuras de Dionísio e Apolo, surgem a ciência e a filosofia, que racionalizam o mundo, baseadas na lógica e no princípio da não contradição.

Ainda assim, tentamos colocar em evidência os passos pelos quais ele descreve o que considera o fim do espírito trágico na Grécia antiga.

A tradição, diz Nietzsche, afirma com segurança que a tragédia tem origem no coro trágico e que fora, primitivamente, somente coro e nada mais que coro. Na estrutura da tragédia, o coro possui papel fundamental; é a expressão de uma multidão encantada dionisiacamente, que se vê transformada em sátiro e "como sátiro, vê, por sua vez o deus". Nesse momento, como elemento primordial da tragédia, o coro é, a um só tempo, coro e cena. Ou seja, o coro tem uma visão de si no sátiro, como o sátiro tem uma visão de Dionísio, mas estas visões não chegam ainda a constituir um elemento formalmente diferente. Num momento posterior, a visão do coro se individualizará na constituição da cena.

O coro é formado de sátiros, criaturas servis, parecidas com bodes, cuja natureza elementar e instintiva aflora na sua figura, porque são exatamente esses elementos: instintos bestiais, sexualidade, passividade (o sátiro é passivo, servil), que melhor simbolizam a essência de Dionísio. Portanto, ao aparecer o coro como elemento único da tragédia, aparece, consequentemente, como única realidade desta, Dionísio. E o que é Dionísio? É a divindade originária total e dividida, o deus despedaçado de natureza dupla. Dionísio significa: olhar para a totalidade e ver multiplicidade; olhar para a multiplicidade e ver a totalidade. Por essa razão, o coro dionisíaco (...) sempre se descarrega num mundo de imagens", ou seja, a multidão, afetada por Dionísio, produz uma visão do deus que é o seu complemento apolínico.

É importante compreendermos o *status* dessa visão do coro, dando origem à cena propriamente dita, para compreendermos depois em que consistiu a mudança socrática.

A visão, a cena, estando na origem do drama, é o lugar em que se desenvolve a ação. Mas esta ação, contrariamente ao que ocorre no teatro moderno, somente tem sentido à medida que remete diretamente ao coro, isto é, à paixão, a Dionísio, "única realidade". Diz Nietzsche:

> "Chegamos agora à conclusão de que a cena, juntamente com a ação, somente era, primitivamente, imaginada como "visão", e que o coro é a única "realidade" que de si origina a visão, falando desta com todo o simbolismo da dança, do som e da palavra[5]".

Contudo, mesmo antes de constituir-se a cena num elemento formalmente distinto, o coro está indissoluvelmente ligado a fenômenos apolínicos. Nesse momento, a visão do coro, em que se objetivará Dionísio, é fundamentalmente a imagem de um "mar eterno" (proveniente da essência desse coro), que é a

5 Nietzsche, F. *A origem da tragédia proveniente do espírito da música*. Trad. Erwin Theodor, Ed. Cupolo, p. 66.

música. Quando fala do momento posterior, Nietzsche afirma: "Os fenômenos apolínicos em que se objetiva Dionísio não são mais um "mar eterno" („,) como o é a música do coro...[6]".

Inversamente, o desenvolvimento do drama, com a caracterização plena da cena, não dá a esta um caráter autônomo. A cena é o lugar da ação, e o herói é o senhor da ação; contudo, como "figura de visão" que é, o herói, na sua ação plena, exprime somente *paixão*; ou seja, o herói é uma máscara de Dionísio, o sofredor. A cena não possui, em si, nenhuma verdade, é sempre aparência, aparência da "única realidade", da essência profunda das coisas, que é Dionísio. E nisso consiste a nobreza do herói, isso deve ser motivo de orgulho para ele.

Enquanto aparência, a cena – fenômeno eterno que inclui o homem e seus movimentos – somente se justifica esteticamente; ou seja, enquanto máscara dionisíaca, a lembrar a vida exuberante, "a única realidade". Nesse sentido, diz Nietzsche:

> "Por isso, para nossa humilhação e realce, deve estar diante de nossa vista, que toda a comédia artística não se representa para nós, talvez para nossa melhoria ou imitação, e que nós somos, tampouco, os criadores verdadeiros daquele mundo de arte; mas sim podemos supor de nós mesmos que somos, para o verdadeiro cria-

6 *Idem, ibidem*, p. 67.

dor da mesma, imagens e projeções artísticas, que têm na significação de obra de arte nossa maior dignidade, pois somente como fenômenos artísticos são justificados eternamente a existência e o mundo".

Portanto, é da tensão constante entre Apolo e Dionísio, é da permanente recorrência entre essas duas divindades, que se desprende a ideia do "trágico considerado como um jogo". O jogo, no trágico, resulta da impossibilidade de se congelar a realidade: ou na multiplicidade dionisíaca ou na individualidade apolínica. A penetração na totalidade dionísica nos oferece o espetáculo de um deus despedaçado, múltiplo e, portanto, o espetáculo das múltiplas individualidades; a contemplação do fenômeno apolínico nos remete a uma individualidade que não é mais individualidade, é a figura de uma totalidade múltipla, Dionísio.

Em vez de partirmos de uma análise filosófico-psicológica para compreendermos o trágico como um jogo, o que nos arremessaria no atoleiro inescapável do caráter ambíguo de Dionísio, partimos de uma análise da estrutura do teatro grego antigo, particularmente, da dialética existente entre o coro e a cena. Este método nos permitiu ver o trágico no caráter lúdico daquela dialética, independentemente da consideração do estado psicológico do homem trágico. Da mesma forma, é somente de uma análise das modificações essenciais daquele teatro que compreenderemos o que foi a morte da tragédia, e o que representou o socratismo no processo.

Segundo Nietzsche, toda transformação da tragédia e, com esta, da concepção trágica do mundo, consistiu em... "...tirar aquele elemento dionisíaco e possante da tragédia e reedificá-la de maneira pura e nova, sobre a base da arte, do costume e da concepção de mundo não-dionisíaca...[7]".

Como se realizou essa operação? Com a destruição do coro trágico, iniciada por Sófocles. Diz Nietzsche:

> "Ele não ousa confiar ao coro a parte principal do efeito, mas limita o terreno deste de tal maneira que este parece agora quase coordenado aos artistas, como se fosse entrosado à cena pela orquestra, com o que é naturalmente destruída, de modo total, a sua essência...[8]".

Por outro lado, a própria destruição do coro está ligada ao destino que teve a música:

> "Foi uma vitória grandiosa do espírito não dionisíaco, quando este, no desenvolvimento do novo ditirambo, desviou a música de si mesmo, rebaixando-a a escrava do fenômeno[9]".

Portanto, o resultado de todo o racionalismo socrático-euripideico, ao destruir o coro trágico, assimilando-o, por assim dizer, à cena, consistiu em

7 *Idem, ibidem*, p. 86.
8 *Idem, ibidem*, p. 100.
9 *Idem, ibidem*, p. 118.

fazer desta a realidade única na arte trágica. E, ao fazer isso, o racionalismo afirmou a verdade absoluta da aparência, que antes se apresentava como cerne do dionisíaco, "realidade única". Agora a música é "escrava do fenômeno"; cristaliza-se a tendência apolínica, a cena.

Já não há mais o jogo essência/aparência, Dionísio/Apolo, a aparência não possui mais a dignidade que lhe era conferida pelo fato de ser a máscara da "única realidade" (Dionísio). A dignidade da aparência agora lhe é dada exatamente pelo contrário do que a justificava antes: é dada pelo *daimon* socrático, pela razão. Sendo, então, "*...aquela crença inquebrantável de que o pensamento, no fio condutor da causalidade, atinge os mais profundos abismos do ser, e que o pensar não somente se ache capacitado a reconhecer o ser, mas também a corrigi-lo*[10]", esta encerra os tipos socráticos no mundo da aparência. Se, por um lado, essa "dialética ilusória" aparece como algo que possibilita a vida, por outro lado, não a justifica: "*A vida somente se justifica esteticamente*".

Haverá esperança de que o jogo trágico seja recomeçado? Sim, diz Nietzsche. Se, num primeiro momento, deixa claro o afastamento de cena das duas divindades, Apolo e Dioinísio, e o surgimento, em seu lugar, do *daimon* socrático, logo em seguida, ao estabelecer diferença entre Sócrates e o socratismo,

10 *Idem, ibidem*, p. 118.

ele pressente mover-se debaixo do solo da dialética racionalista a vaga dionisíaca; e isto o leva a uma posição mais condescendente: o esquematismo lógico, o socratismo, passa a ser uma "cristalização" da "tendência apolínica". Portanto, ao ligar ao socratismo a figura de Apolo, ainda que este seja agora uma quase aberração, Nietzsche abre o espaço necessário à crença em uma possível "descristalização" futura de Apolo, figura do racionalismo ocidental, o que significaria restabelecimento do jogo trágico entre o racional e o irracional.■

V

# Bibliografia básica


*História Geral das Ciências*, publicada sob a direção de René Taton, tradução de Ruy Fausto, Difusão Europeia do Livro, São Paulo, 1959

*O Pensamento Antigo*, Mondolfo, Editora Mestre Jou, São Paulo, 1964

*As origens do pensamento grego,* Jean-Pierre Vernant, DIFEL, São Paulo, 1984

*Introdução à Lógica*, Copi, Editora Mestre Jou, São Paulo, 1978

*Le Nouvel Esprit Scientifique*. Gaston Bachelard, Presses Universitaires de France, Paris, 1934

*Curso de Filosofia Grega Antiga,* Anotações de aula – Prof. Francis Wolff, São Paulo, USP, 1984

*A Gaia Ciência,* Friedrich Nietzsche, 1882